LE DÉTERMINISME

BIOLOGIQUE

ET

LA PERSONNALITÉ CONSCIENTE

DU MÊME AUTEUR

Théorie nouvelle de la vie, 1 vol. in-8 de la *Bibliothèque scientifique internationale* (n° 83 de la collection), cartonné à l'anglaise, 6 fr. (Félix ALCAN, éditeur).

ÉVREUX, IMPRIMERIE DE CHARLES HÉRISSEY

LE DÉTERMINISME

BIOLOGIQUE

ET

LA PERSONNALITÉ CONSCIENTE

ESQUISSE D'UNE THÉORIE CHIMIQUE
DES ÉPIPHÉNOMÈNES

PAR

FÉLIX LE DANTEC

Ancien Élève de l'École normale supérieure
Docteur ès sciences

———————

PARIS

ANCIENNE LIBRAIRIE GERMER BAILLIÈRE ET Cⁱᵉ

FÉLIX ALCAN, ÉDITEUR

108, BOULEVARD SAINT-GERMAIN, 108

1897

PRÉFACE

J'ai publié cette année, dans la Bibliothèque scientifique internationale, une *Théorie de la vie*, dans laquelle j'ai essayé d'exposer scientifiquement l'enchaînement des *phénomènes constatables* chez les êtres vivants depuis les plus simples jusqu'aux plus complexes, et d'établir d'une manière générale le déterminisme biologique. J'ai seulement dit quelques mots, à la fin de cet ouvrage, des épiphénomènes psychiques qui accompagnent les phénomènes physiologiques *mais ne les influencent en aucune manière.*

On m'a reproché d'avoir tourné la difficulté et laissé précisément de côté ce qui, dans l'étude de la vie, intéresse le plus de gens, savoir la formation de la personnalité psychologique, le développement du moi.

Je vais m'efforcer de montrer dans ce petit
livre et au moyen d'une hypothèse très simple,
analogue, par certains points, à celle de Hæckel,
comment la personnalité consciente se développe
parallèlement à l'individualité physique pour disparaître avec elle. Mais, je le répète avec Huxley,
ces considérations sont inutiles à l'étude objective des phénomènes vitaux, quelque compliqués
qu'ils soient chez tous les êtres de la nature ; il y a
déterminisme biologique et tout se passerait de
même dans le monde, si les substances plastiques
avaient uniquement leurs propriétés physiques et
chimiques, à l'exclusion de la propriété de conscience.

LE

DÉTERMINISME BIOLOGIQUE

INTRODUCTION

> Un corps ne peut modifier par lui-même son état de repos ou de mouvement.
>
> (*Principe de l'Inertie.*)

Quand nous nous livrons à l'observation d'un phénomène quelconque, nous faisons naturellement abstraction de nous-mêmes; nous sommes témoins, sans songer à nous demander comment il se fait que nous puissions être témoins.

Nous arrivons facilement ainsi à nous convaincre qu'un corps chimique donné réagit toujours de la même manière, dans les mêmes conditions. Nous concluons au déterminisme chimique. Une étude approfondie des phénomènes vitaux nous amène de la même manière, quoique plus difficilement, à conclure au déterminisme biologique, lorsque nous procédons du simple au complexe.

Or, en remontant l'échelle des êtres organisés, nous arrivons, sans y avoir pris garde jusque là, à constater que nous faisons nous-mêmes partie de cette échelle, comme gradin très supérieur il est vrai, mais cependant sans qu'il y ait entre nous et les autres animaux une différence essentielle, et nous sommes forcés de conclure au déterminisme humain qui nous choque tout d'abord, puisqu'il semble exclure la volonté.

Devons-nous pour cela rejeter brusquement ce que nous avons précédemment appris ? Non, évidemment; mais nous devons nous dire qu'à côté des propriétés étudiées des substances plastiques, il y a d'autres propriétés des mêmes substances, et que ces dernières propriétés n'influencent en rien les réactions constituant A NOS YEUX [1] les *phénomènes de la vie.* Ce sont ces propriétés nouvelles qui nous permettront de nous rendre compte, non de l'existence d'une volonté *absolue* incompatible avec le déterminisme biologique, mais de l'illusion de la volonté.

Dire que des propriétés de certains corps n'influencent en rien les réactions auxquelles ces corps donnent lieu, cela revient à dire qu'elles n'interviennent pas dans les *phénomènes* et par conséquent sont incapables de se manifester à nous pour des

---

(1) Ou pour nos sens d'une manière générale.

corps qui ne font pas partie de nous, quels que soient nos moyens d'investigation. Mais nous ne pouvons rien affirmer que pour l'état actuel de la science; peut-être découvrira-t-on un jour de nouveaux moyens d'étude mettant l'homme à même de se rendre compte de choses qui lui sont aujourd'hui cachées et qui entreront ainsi dans la catégorie des phénomènes à laquelle elles n'appartiennent pas encore. C'est donc seulement pour tous les phénomènes *actuellement connus* qu'on est en droit, dès à présent, d'affirmer le déterminisme biologique et ce sont ces phénomènes seuls qui doivent nous occuper; ce sont ces phénomènes seuls que nous pouvons affirmer être *indépendants* des propriétés cachées dont l'observation de notre propre individu nous oblige à admettre l'existence dans les substances plastiques et que nous ne pouvons constater qu'en nous-mêmes.

Voici, par exemple, deux atomes que la cohésion a unis; une force vient à les séparer; nous pouvons constater que les deux atomes se séparent (phénomène); il semble à peu près impossible que nous arrivions jamais à savoir s'ils souffrent ou jouissent de cette séparation (épiphénomène) [1] et cependant, nous qui sommes constitués d'atomes, nous souffrons et nous jouissons.

(1) Voyez plus bas la définition précise des épiphénomènes, p. 33.

Nous ne pouvons donc étudier qu'en nous-mêmes les sensations qui accompagnent les phénomènes naturels. Ensuite, par analogie, nous pourrons en admettre l'existence chez nos semblables ; puis, à grand renfort d'hypothèses, nous les accorderons à des êtres de moins en moins élevés en organisation et, enfin même, aux substances ordinaires de la chimie. En dernière analyse, nous arriverons ainsi à concevoir, chez les atomes, l'existence de propriétés simples, inaccessibles à l'observation directe.

Alors, pour constater que nous ne nous sommes pas trompés, nous devrons pouvoir suivre la marche synthétique inverse — du simple au composé, c'est-à-dire la formation des substances plastiques aux dépens des substances chimiques ; puis la formation, aux dépens des substances plastiques, d'êtres de plus en plus élevés en organisation, jusqu'à nous-mêmes, — et retrouver ainsi, en partant de la propriété simple précédemment établie, tous les épiphéno-mènes de notre individu.

C'est ce que je me propose de faire dans cet ouvrage ; mais puisqu'il est de toute nécessité, nous venons de le voir, de commencer par étudier les épiphénomènes complexes qui accompagnent les phénomènes de notre propre vie, il faut d'abord préciser la nature de ces phénomènes mêmes, consi-dérés *uniquement au point de vue* objectif et éta-blir, *à ce point de vue,* une définition rigoureuse de

ceux qu'on appelle instinctifs et de ceux qu'on
appelle intellectuels.

* *

On emploie couramment dans le langage les mots
« Instinct » et « Intelligence », comme s'ils étaient
absolument précis. Or, il en est de ces expressions
comme de beaucoup d'autres dont l'usage est fré-
quent en Biologie ; une étude attentive montre qu'on
ne saurait les définir sans restreindre leur signification car elles s'appliquent à des particularités qui,
chez des êtres différents, ne sont nullement comparables entre elles.

Quand il s'agit d'une opération que nous exécutons nous-mêmes, nous employons, à peu près
indifféremment, les adverbes *instinctivement, invo-
lontairement, machinalement ;* cette seule synonymie suffit à montrer quelle différence nous
admettons en général, *pour ce qui se passe en nous-
mêmes,* entre une opération instinctive et une opération intellectuelle ; la première s'exécuterait dans
notre individu « par le simple jeu des forces générales
de la matière et comme un résultat nécessaire des
particularités de notre structure » ; dans la seconde
interviendrait la volonté, le principe intérieur d'action dont les vitalistes admettent l'existence dans
tout être vivant.

Il y a des personnes que cette définition satisfera

et qui *concevront* l'intervention d'un principe immatériel dans les phénomènes matériels, ou qui, du
moins, si elles ne conçoivent pas le mécanisme de
cette intervention, l'admettront une fois pour toutes
et s'endormiront ensuite dans une douce quiétude
d'esprit. Mais ceux qui veulent aller au fond des
choses se demandent si, avant d'admettre cette
intervention inconcevable, inconnue en physique
comme en chimie, il n'y a pas lieu de chercher à
s'expliquer sans elle tous les phénomènes que présentent les êtres vivants. En cas de réussite, on
renoncerait à ce principe intérieur immatériel puisqu'il serait démontré que sa notion résultait d'une
analyse incomplète; au cas où il resterait des phénomènes inexplicables par les forces ordinaires de la
matière, on serait toujours à temps pour admettre,
dans l'interprétation de ces phénomènes, l'intervention (tout aussi inexplicable d'ailleurs) de ce principe immatériel, extraordinaire, d'action. Or, cela
n'a pas lieu; dans l'état actuel de la science, on ne
doit plus renoncer à rien comprendre dans les *phénomènes* de la nature.

Ainsi tracée, la tâche du biologiste est bien plus
ardue que celle d'un naturaliste décrivant les formes
des êtres et se contentant ensuite du vieil adage :
mens agitat molem; mais si elle est plus ardue,
combien plus féconde aussi, et quelle véritable satisfaction elle donne à l'esprit !

Dans tous les cas, il est préférable de ne pas accepter *a priori* une définition qui supposerait résolues à l'avance, ou plutôt à jamais insolubles, toutes les questions de la biologie, et qui arrêterait ainsi toutes les investigations nouvelles, paralyserait tous les efforts.

Nous chercherons donc ailleurs.

Au lieu de dire *instinctivement*, et seulement encore quand il s'agit d'une opération que nous exécutons nous-mêmes, nous disons quelquefois *inconsciemment*, et cette manière de parler est en rapport avec quelque chose qui existe bien réellement. Il y a certainement des opérations que nous exécutons sans nous en rendre compte; par exemple, nous contractons notre pupille lorsque nous recevons sur l'œil un jet de lumière vive, et nous ne savons pas que nous le faisons. Il y a donc des actes conscients et des actes inconscients, et nous considérons souvent les derniers comme du domaine de l'instinct, les premiers comme du domaine de l'intelligence.

Si donc, nous devions définir ces deux facultés, uniquement en nous-mêmes, nous pourrions à la rigueur les considérer comme se rapportant l'une aux actes conscients, l'autre aux actes inconscients de notre individu, mais cette définition serait purement personnelle ; comment notre voisin pourrait-il, en effet, distinguer chez nous un phénomène instinctif d'un phénomène intellectuel ? Rien ne res-

semble plus à un acte conscient qu'un acte inconscient ; chacun a remarqué que des opérations
souvent répétées et primitivement conscientes deviennent inconscientes par habitude.

Nous voilà donc dans l'impossibilité de distinguer
chez tout autre que chez nous-mêmes, avec le criterium de la conscience, ce qui appartient à l'instinct
de ce qui appartient à l'intelligence ; en raisonnant
par analogie, nous admettons généralement, il est
vrai, que tel phénomène, conscient chez nous, l'est
aussi chez un de nos semblables ; mais, outre que deux
phénomènes extrêmement semblables peuvent être,
l'un conscient, l'autre inconscient, sur quelle analogie de plus en plus lointaine nous guiderons-nous
pour séparer l'instinct de l'intelligence chez des êtres
de plus en plus différents de nous, le chien, le poisson,
le crabe, le ver de terre, le champignon ?

Beaucoup ont tranché immédiatement la question
en déclarant que l'homme seul est doué d'intelligence, les animaux n'ayant que de l'instinct ; encore
pourrait-on chicaner longuement sur une confusion
regrettable entre la conscience et la volonté dans les
définitions de ces philosophes. On connaît ce célèbre
passage de Descartes[1] :

« Ceux qui, sachant combien de divers automates
ou machines mouvantes l'industrie de l'homme peut

(1) *Discours sur la méthode*, cinquième partie : « Ordre des
questions de physique. »

faire sans y employer que fort peu de peine à comparaison de la multitude des os, des muscles, des
nerfs, des artères, des veines et de toutes les autres
parties qui sont dans le corps de l'animal, considé-
reront ce corps comme une *machine* qui, ayant été
faite des mains de Dieu, est incomparablement mieux
ordonnée et a en soi des mouvements plus admira-
bles qu'aucune de celles qui peuvent être inventées
par les hommes...

« S'il y avait de telles machines qui eussent les
organes et la figure d'un singe ou de quelque autre
animal sans raison, nous n'aurions aucun moyen de
reconnaître qu'elles ne seraient pas en tout de même
nature que ces animaux; au lieu que, s'il y en avait
qui eussent la ressemblance de nos corps et imitas-
sent autant nos actions que moralement il serait
possible, nous aurions toujours deux moyens très
certains pour reconnaître qu'elles ne sont pas pour
cela de vrais hommes; dont le premier est qu'elles
ne pourraient user de paroles et d'autres signes en
les composant comme nous faisons pour déclarer
aux autres nos pensées. Et le second est que, bien
qu'elles fissent plusieurs choses aussi bien ou
peut-être mieux que nous, elles manqueraient infail-
liblement en quelques autres par lesquelles on
découvrirait qu'elles n'agissent pas par connaissance, mais seulement par la disposition de leurs
organes. »

Il y aurait donc entre l'homme et les animaux une différence essentielle [1].

C'est à l'étude de cette différence que se sont appliqués la plupart des savants ayant écrit sur l'instinct, et le résultat de leurs investigations a été de les séparer en deux camps opposés.

Pour quelques uns, comme pour Descartes, il y a entre le règne animal et le *règne humain* une ligne absolue de démarcation; pour d'autres, au contraire, il n'y aurait entre le développement intellectuel de l'homme et celui des animaux qu'une différence quantitative. Lorsqu'on étudie la question sans idée préconçue, on arrive naturellement à se ranger à cette dernière opinion que Romanes [2] exprime de la manière suivante en s'appuyant sur des documents d'une valeur scientifique incontestable : « L'on doit classer l'intelligence animale dans la même catégorie que l'intelligence humaine et, sous peine d'inconséquence flagrante, nous ne saurions méconnaître ou mettre en doute l'évidence en faveur de l'une et admettre les mêmes preuves en faveur de l'autre.

(1) En y regardant de près, on voit cependant que, même dans l'esprit de Descartes et quoi qu'il en dise, le langage articulé constituerait toute la différence; il ne dit pas en effet comment on découvrirait que les animaux « n'agissent pas par connaissance », et il n'y a en réalité aucun moyen de le savoir.

(2) Romanes. *L'intelligence des animaux*, Bibliothèque scientifique internationale.

« Et cette évidence, ajoute-t-il, en revient toujours en fin de compte à la faculté que révèle un organisme vivant, *de tirer parti de son expérience*. Chaque fois que nous découvrons cette faculté dans un animal, nous sommes en droit d'affirmer l'existence intellectuelle chez lui au même titre que nous l'affirmerions chez un de nos semblables. »

Tirer parti de son expérience, voilà le criterium établi par l'élève de Darwin pour séparer ce qui appartient à l'intelligence de ce qui appartient à l'instinct, et c'est de là qu'il part pour démontrer que les animaux sont intelligents et que leur intelligence mène par degrés à celle de l'homme.

Tout en faisant, jusqu'à plus ample informé, certaines réserves au sujet de la légitimité d'une distinction basée sur l'existence d'opérations *volontaires*, l'on doit savoir gré à Romanes de l'effort qu'il a tenté pour introduire la précision dans une question agitée jusqu'à lui sur un terrain vague au moyen d'expressions équivoques.

Voici par exemple ce que dit Darwin [1] :

« Je n'essaierai pas de définir l'instinct. Il serait aisé de démontrer qu'on comprend ordinairement sous ce terme plusieurs actes intellectuels distincts; mais chacun sait ce que l'on entend lorsque l'on dit que c'est l'instinct qui pousse le coucou à émigrer

(1) *L'origine des espèces*. Trad. Barbier, p. 276.

et à déposer ses œufs dans les nids d'autres oiseaux. On regarde ordinairement comme instinctif un acte accompli par un animal, surtout lorsqu'il est jeune et sans expérience, ou un acte accompli par beaucoup d'individus, de la même manière, sans qu'ils sachent en prévoir le but, alors que nous ne pourrions accomplir ce même acte qu'à l'aide de la réflexion et de la pratique. Mais je pourrais démontrer qu'aucun de ces caractères de l'instinct n'est universel, et que, selon l'expression de Pierre Huber, on peut constater fréquemment, même chez les êtres peu élevés dans l'échelle de la nature, l'intervention d'une certaine dose de jugement et de raison . »

Romanes donne en définitive les définitions suivantes :

«L'instinct est, chez l'homme ou chez les animaux, une opération mentale ayant pour but un mouvement adapté, antérieur à l'expérience individuelle, à laquelle la connaissance du rapport entre les moyens et la fin n'est pas nécessaire et qui s'accomplit d'une manière uniforme, dans les mêmes circonstances, chez tous les individus de l'espèce. (1) »

Et plus loin :

« L'instinct comprend l'action réflexe en y ajoutant la conscience. C'est donc un terme générique

---

(1) *L'intelligence des animaux*, p. 14.

qui comprend toutes les facultés de l'esprit qui participent à l'action consciente et adaptée, lorsqu'elle se produit antérieurement à l'expérience individuelle sans connaissance du rapport des moyens et de la fin et sous l'influence de circonstances qui se répètent sans cesse, et à chacune desquelles elle s'adapte toujours de la même manière, dans toute l'espèce.

« La raison ou intelligence est la faculté qui préside à l'adaptation intentionnelle des moyens au but. Par conséquent, elle implique la connaissance consciente du rapport entre les moyens et la fin, et peut fonctionner dans des circonstances aussi nouvelles pour l'individu que pour l'espèce. (1) »

Je crois que les définitions de Romanes sont, à peu de chose près, adoptées par la plupart des auteurs, et que toutes leurs manières de voir divergent uniquement dans l'établissement de la nomenclature

(1) *L'intelligence des animaux*, p. 15. Dans un autre ouvrage, *l'évolution mentale chez les animaux*, Romanes condense sa théorie de l'instinct en huit propositions :

« 1° Il y a deux catégories d'instincts : les *instincts primaires*, nés par sélection naturelle ; les *instincts secondaires*, qui ont une origine intellectuelle ;

2° Les instincts primaires résultent d'habitudes non intelligentes, dépourvues d'adaptation.

3° Ces habitudes sont transmises par hérédité ;

4° Elles sont variables ;

5° Leurs variations sont transmises par hérédité ;

6° Ces variations se fixent et se développent par voie de sélection naturelle, dans un sens favorable et utile ;

7° Les instincts secondaires résultent d'adaptations intelli-

des êtres auxquels ils attribuent l'intelligence et des
êtres auxquels ils n'accordent que l'instinct. Or ces
définitions se ramènent à peu près à ceci : l'intelligence se distingue de l'instinct par l'intervention
d'une *volonté* donnant une impulsion dans des directions choisies avec discernement.

Cela admis, on discute, d'après les phénomènes
observés, la présence ou l'absence de l'intelligence
chez tel ou tel animal. Pour faire cette discussion il
faut passer en revue tous les faits d'observation, ce
qui exige des volumes de développements. Sir
J. Lubbock, Romanes et bien d'autres l'ont tenté et
je n'ai pas la prétention de résumer leurs livres dans
cet ouvrage; je voudrais aborder la question à un
autre point de vue et chercher s'il est légitime et
nécessaire de faire intervenir la volonté dans l'établissement d'une distinction entre l'intelligence et
l'instinct, c'est-à-dire, en définitive, d'admettre que
certains corps animés ne sont pas soumis au principe physique de l'inertie.

gentes, fréquemment répétées par l'individu, et qui deviennent automatiques, soit au point de ne plus nécessiter du
tout la pensée consciente, soit au point de ne plus nécessiter,
en temps qu'habitudes adaptées et conscientes, le même
degré d'effort conscient que précédemment;

8° Ces actes automatiques et ces habitudes conscientes
peuvent se transmettre par voie d'hérédité. »

M. Edmond Perrier avait établi en termes un peu différents
l'existence de ces deux sortes d'instincts primaires et secondaires. (Voyez sa préface à *L'intelligence des animaux*,
p. XXVI.)

Après avoir établi que ce principe ne souffre pas d'exception, j'étudierai les phénomènes sans me préoccuper des épiphénomènes qui les accompagnent mais ne les modifient en rien, et j'essaierai d'établir, indépendamment de toute considération sur leur conscience ou leur inconscience, une distinction précise entre les actes instinctifs et les actes intellectuels. C'est seulement alors que j'entreprendrai l'étude des épiphénomènes et que j'essaierai de les rapporter à une propriété simple et générale de la matière.

PREMIÈRE PARTIE
LES PHÉNOMÈNES

CHAPITRE PREMIER
LA VOLONTÉ DES PLASTIDES

Pour toutes les questions qui intéressent l'ensemble des êtres vivants, la méthode d'étude vraiment scientifique consiste, *quand cela est possible* [1], à commencer par le bas de l'échelle, par les êtres les plus simples, pour arriver petit à petit, par gradations successives, aux êtres les plus compliqués, et à l'homme enfin si la série peut se continuer jusque là. Cela est vrai en particulier pour l'instinct et l'intelligence, mais c'est précisément dans l'étude de ces facultés que l'on emploie le plus souvent, quelquefois sans s'en rendre compte, la méthode inverse dont les résultats sont toujours incomplets ou erronés. Par une illusion très naturelle qui fait que nous croyons bien comprendre tout ce qui a rapport à

---

(1) Nous avons vu (Introduction, p. 6) que cette méthode est inapplicable à l'étude des épiphénomènes de conscience.

nous, nous considérons comme parfaitement définis
les termes que nous avons coutume d'employer dans
l'histoire de l'homme et nous essayons d'appliquer
aux animaux de plus en plus simples des expressions
qui nous semblent tout à fait claires quand il s'agit
de nos semblables. Le résultat de cette erreur de
méthode est que, d'une part, nous sommes amenés
à considérer comme compliqués des phénomènes
simples se passant dans des êtres simples, parce que
nous les désignons au moyen d'expressions empruntées à l'homme, et que, d'autre part, nous perdons
un moyen précieux, le seul peut-être qui soit à
notre disposition, d'analyser les manifestations
vitales de l'homme au moyen des manifestations
vitales d'êtres beaucoup plus élémentaires.

Voici un exemple qui mettra en évidence les fu-
nestes résultats de cette méthode anthropomorphique :

A la base du monde vivant, on trouve de petits
êtres extrêmement simples composés d'une masse
continue de substances protoplasmiques ; on les
appelle plastides ou êtres unicellulaires. L'intérêt de
leur étude pour la compréhension de la vie humaine
devient manifeste quand on a constaté que l'homme
est, au début de son existence, un œuf unicellulaire,
un plastide simple, et qu'au cours de son développement il est toujours composé d'un nombre de plus
en plus grand de plastides simples absolument com-

parables à ceux que nous rencontrons dans les eaux stagnantes, comme les protozoaires, les bactéries, etc.

Ces êtres unicellulaires vivent librement dans l'eau ou dans des liquides aqueux; ils y grandissent et s'y divisent quand ils ont atteint une certaine taille. Puisqu'ils s'y développent et s'y reproduisent, c'est qu'ils ne se détruisent pas, au contraire; malgré les innombrables chances de destruction que doit rencontrer dans le milieu leur corps fragile. Les diverses manifestations de leur vie s'accompagnent d'accroissement de leur substance tandis que le contraire serait, semble-t-il, si naturel ! « Donc, concluons-« nous avec nos idées anthropomorphiques précon-« çues, ces diverses manifestations, dans lesquelles « notre plastide évite toutes les chances de destruc-« tion et profite de toutes les chances d'accroisse-« ment, sont des actes voulus, combinés en vue « d'un but déterminé. La faculté de produire ces « manifestations est l'*instinct de la conservation*, « conservation de l'individu, inséparable dans le cas « actuel de la conservation de l'espèce. L'instinct de « la conservation domine tous les actes des êtres « vivants, depuis les plus élémentaires jusqu'à « l'homme. » Et nous voilà embarqués, sans que nous nous en soyons aperçus, dans une série d'interprétations spécieuses qui supprimeront toute recherche nouvelle en donnant à l'esprit de fausses satisfactions,

C'est à propos des phénomènes vitaux des êtres les plus simples qu'il faut se rendre exactement compte de la réponse à faire à cette question capitale : les corps vivants sont-ils soumis comme les autres au principe de l'inertie? Tout est là et il faut se garder d'interpréter hâtivement des observations plus ou moins incomplètes, car du résultat obtenu proviendra, par une suite de déductions légitimes, la négation ou l'affirmation de la liberté animale, de la liberté humaine.

Certes, au premier abord, il semble à un observateur non prévenu que le mouvement des protozoaires est spontané. Or c'est le mouvement qui, de toutes les manifestations vitales, nous frappe le plus immédiatement; c'est donc de lui que nous devons nous occuper d'abord en déterminant d'une manière aussi précise que possible les conditions dans lesquelles il se produit. Cela sera d'autant plus important que le mouvement est souvent un phénomène essentiel à la nutrition de l'être, à l'addition de parties nouvelles à sa substance. Prenons des exemples parmi les plus connus des êtres unicellulaires.

Une amibe, petite masse visqueuse qui se déforme constamment, d'où son nom (ἀμοιβός, changeant), *va* d'un point à un autre sous les yeux de l'observateur ; *rencontre*-t-elle sur son chemin un corpuscule solide? elle *l'englobe* dans sa substance et le *digère* s'il est digestible, le *rejette* s'il ne l'est pas; bien plus, toutes choses égales d'ailleurs, elle *se dirige* de préférence vers une région du liquide contenant une substance qui lui est utile, etc., etc.

Une bactérie se trouve dans l'eau pure à l'obscurité; elle *se déplace* pour gagner une région *convenablement* éclairée, ou bien une région contenant des substances nutritives pour elle, etc.

La manière même dont nous nous exprimons donne à entendre que le plastide agit, dans toutes ces circonstances, spontanément; la forme active ou réfléchie des verbes soulignés ne s'emploierait pas pour un morceau de bois par exemple qui serait entraîné par les déplacements d'une eau agitée; c'est donc que tout en admettant que cet être très simple est, en quelque sorte, conduit par un instinct spécial, nous admettons aussi, qu'amené par cet instinct à choisir ce qui est préférable pour lui, il exécute ensuite de lui-même le mouvement nécessaire à la réalisation de son désir.

Une fois cela admis les choses les plus extraordinaires nous sembleront toutes naturelles. Témoin la fameuse observation de Carter dans laquelle une amibe *guettait* à la sortie du corps maternel une jeune *acinète* sur le point d'éclore. L'acinète est un protozoaire muni, à l'état adulte, de tentacules venimeux particulièrement dangereux pour l'amibe; mais ces tentacules n'existent pas chez l'acinète jeune, et l'amibe observée par Carter *savait* (*!!*) que la jeune acinète qui allait sortir du corps de sa mère serait comestible pendant les premiers temps de son existence.

Romanes, qui cite cette observation de Carter et plusieurs autres analogues, est tenté par cela même d'attribuer des facultés psychiques élevées aux protozoaires : « Quiconque, dit-il, a observé les mouvements de certains infusoires se refusera difficilement à leur accorder une part d'intelligence, si minime qu'elle soit. » Il est bien évident que, dans l'idée du naturaliste anglais, intelligence signifie, non seulement faculté de comprendre, de juger ce qui est utile ou nuisible, mais encore faculté de diriger son propre mouvement suivant le jugement porté, volonté directrice. C'est la négation de l'inertie dans les plus simples des corps vivants ; il y aurait donc entre les corps vivants et les corps bruts une différence essentielle, une ligne de démarcation infranchissable.

Voilà un résultat inévitable de la méthode anthropomorphique. On pourrait croire d'abord que Romanes n'a pas suivi cette méthode, puisque, dans son livre sur l'intelligence des animaux, il commence par le bas de l'échelle, par les protozoaires. Sans doute, mais auparavant il a donné des définitions *a priori* de l'instinct et de l'intelligence en se basant sur la manière dont il a conçu ces facultés chez les êtres les plus élevés en organisation ; il a cru alors suffisamment claires les expressions ainsi définies et il

considère les questions comme tranchées quand il
dit que tel phénomène est instinctif, que tel autre est
du domaine de l'intelligence. Évidemment, au point
de vue où se place l'auteur anglais, il n'y a pas d'inconvénient à ce que la nature même de l'instinct et
de l'intelligence reste ignorée puisqu'il veut seulement prouver qu'il n'y a pas de différence essentielle
entre l'homme et les animaux au point de vue des
phénomènes psychiques. Il s'est attaché, en définitive,
à démontrer que l'on peut raconter, avec les expressions usitées pour l'homme, l'histoire des animaux
moins élevés en organisation et jusqu'à celle des plus
simples, tandis que nous nous proposons au contraire
de chercher jusqu'à quel point de la série animale
ascendante nous pourrons décrire tous les phénomènes vitaux avec les seules expressions qui servent
pour les corps bruts, celles de la physique et de la
chimie.

En procédant comme l'a fait Romanes après bien
d'autres, on arrive, nous l'avons vu, à tracer une
ligne de démarcation absolue, non pas entre les protozoaires et les corps de la chimie; mais, si j'ose
m'exprimer ainsi, entre les corps bruts et l'homme
dont on a, en quelque sorte, implicitement admis
l'existence dans chaque protozoaire. L'existence de
ces études comparatives conduites avec la critique
scientifique la plus sévère, nous sera néanmoins
d'une grande utilité, car si elles ont montré qu'on

peut descendre sans interruption la série animale
depuis l'homme jusqu'aux protozoaires, il en résulte
qu'on pourra aussi remonter cette série sans interruption et c'est pour cela que la négation de. la
liberté des protozoaires nous mènera fatalement à
la négation de la liberté des animaux supérieurs et
de l'homme; l'étude de la spontanéité apparente
du mouvement des plastides présente donc un puissant intérêt.

* *

La spontanéité du mouvement a été admise généralement, tant qu'on s'en est tenu à la simple observation des êtres les plus élémentaires, mais cette
théorie n'a pu s'accorder avec les résultats des
recherches expérimentales.

L'observation simple était nécessairement incomplète; on ne *voit* pas les réactions chimiques dont
est constamment le siège la substance des corpuscules vivants dans le milieu où ils vivent. Ces réactions se passent le plus souvent entre des substances
incolores et leur résultat est également incolore. Il
faut une analyse méticuleuse pour vérifier, par
exemple, que les plastides empruntent constamment
de l'oxygène à l'eau ambiante et lui rendent de
l'acide carbonique.

On se rend plus facilement compte des échanges
qui se produisent entre le plastide et le milieu, si l'on.

introduit expérimentalement dans les conditions de l'observation un facteur nouveau capable d'influencer les réactions chimiques. Nous connaissons beaucoup de tels facteurs, les substances chimiques ou réactifs, d'abord; puis la lumière (photographie), la chaleur, l'électricité (électrolyse), etc., etc. Nous pouvons prévoir par le raisonnement ou le calcul que tel ou tel de ce facteurs, introduit en un point déterminé du milieu où nous observons des plastides, imprimera au mouvement de ces plastides une modification de direction liée à celle qui va du plastide au point en question.

Or, précisément, de nombreuses expériences, que je ne puis m'attarder à relater ici, ont *toujours* prouvé une influence manifestement directrice des différents agents employés, substances chimiques (chimiotropisme), lumière (phototropisme), chaleur (thermotropisme), etc., ce qui donne à penser que le mouvement des plastides est uniquement une conséquence des réactions chimiques dont ils sont le siège.

Bien plus, si au lieu d'ajouter un facteur nouveau on supprime un des éléments essentiels du liquide ambiant, l'oxygène par exemple, les réactions cessent et *le mouvement s'arrête*. Il recommence si l'on rend l'oxygène au milieu (anabiose de Preyer).

Ainsi donc, l'existence des mouvements et leur direction dépendent de la manière la plus nette, de

réactions chimiques que l'on peut modifier expérimentalement! Ce résultat est fort important au point
de vue de la question de la spontanéité des actes des
protozoaires. J'ai résumé ailleurs[1] les expériences
auxquelles je fais allusion ici et j'ai montré que l'on
peut expliquer facilement, par de simples réactions
chimiques et les phénomènes physiques qui les
accompagnent, non seulement les mouvements variés,
mais l'ingestion, la digestion, et en général toutes les
manifestations de la vie élémentaire dans lesquels
semble intervenir au premier abord une force différente des forces ordinaires de la matière, une intelligence directrice, un choix volontaire. Le prétendu
discernement des substances utiles et des substances
nuisibles, qui causerait l'attraction par les unes, la
répulsion par les autres, n'est pas absolu et s'explique,
dans les cas où il existe, d'une manière tout à fait
satisfaisante. Il en est de même du rejet par les amibes des corps ingérés non digestibles, etc. Quant au
choix des aliments par ces êtres inférieurs ([2]), il n'a

(1) *Théorie nouvelle de la vie*, Paris, Alcan, 1896.

(2) Il faut s'entendre sur ce qu'on appelle « choix des aliments ». Mesnil (*Rev. gén. des Sciences*, 15 août 1896) affirme
que beaucoup d'amibes et aussi les leucocytes des vertébrés
choisissent leur nourriture. Cela veut dire que tel corps ingéré
par une espèce d'amibe ne le sera pas par une autre espèce
convenablement choisie ; mais cela est simplement un résultat des propriétés spécifiques dont l'ingestion est une manifestation physico-chimique, et cela prouve seulement qu'il y
a des différences spécifiques entre les protoplasmas. (V. *Théorie nouvelle de la vie*, p. 100.)

été décrit que par suite d'observations incomplètes et erronées ; on voit souvent ingérer des corpuscules inutiles dont le volume se prête à cette opération tandis que des corps nutritifs de dimensions moins favorables sont laissés à l'extérieur.

Enfin, la forme sous laquelle s'est présenté à nous, chez les êtres les plus simples, l'instinct de conservation, n'est qu'une conséquence de la propriété d'assimilation, propriété chimique par laquelle on est amené à caractériser les corps vivants et à les distinguer des autres corps de la chimie.

En résumé, dans l'état actuel de la science on peut considérer comme démontré que toutes les manifestations de la vie élémentaire des corpuscules vivants sont des manifestations de leurs propriétés chimiques, que leurs mouvements sont dus à des réactions chimiques, etc., etc.

Or, les propriétés chimiques inhérentes à des corps déterminés sont déterminées ; les réactions qui en résultent dans un milieu déterminé sont également déterminées. Du chlorure de sodium traité à chaud par de l'acide sulfurique donne *toujours* de l'acide chlorhydrique ; de l'hydrogène mis en présence d'un volume deux fois moindre d'oxygène donne *toujours* de l'eau au contact d'une flamme. Mais si les mouvements des plastides sont uniquement la conséquence de réactions chimiques de cette nature, ils sont nécessairement déterminés dans des conditions déterminées et c'est en effet ce qu'a prouvé l'expérience, chaque fois qu'il a été possible de déterminer *toutes* les conditions dans lesquelles elle avait lieu.

Est-il possible de faire accorder avec ce déterminisme chimique des plastides, l'existence d'une intelligence directrice, d'une volonté, d'une liberté ? Il faut préciser la question avant d'y répondre.

On admet *a priori* la spontanéité, la volonté, la liberté humaines ; puis, sans se demander si l'on n'est pas victime d'une illusion, si l'on sait bien la valeur des mots qu'on emploie, on gratifie, par une comparaison peut-être illégitime, tous les animaux, tous les êtres vivants, de ce principe intérieur d'action par lequel les philosophes vitalistes ont été amenés à caractériser la vie.

Il faut considérer la volonté humaine, en admettant qu'elle existe, comme la résultante de deux facultés : les hommes savent ce qu'ils font ; les hommes font ce qu'ils veulent. La deuxième faculté ne peut exister sans la première, mais la première pourrait très bien exister sans la seconde ; or dans beaucoup de cas ces deux facultés ont été plus ou moins confondues dans l'intelligence et il est nécessaire de distinguer l'intelligence au sens étymologique de compréhension, de conscience et l'intelligence directrice ou volonté.

La première ne se manifeste en aucune manière, est purement subjective ; nous ne pouvons pas savoir si elle existe en dehors de nous, nous ne le saurons jamais [1]. Il est donc absolument loisible de l'accorder ou de la refuser aux protozoaires et aux autres animaux suivant qu'on préfère croire qu'ils en sont pourvus ou qu'ils en sont dépourvus.

Il n'en est pas de même de la seconde faculté, l'intelligence directrice, la volonté. En admettant, ce que rien ne défend, mais que non plus rien n'autorise, que les protozoaires savent ce qu'ils font, rien ne permet de croire que ces petits êtres font ce qu'ils veulent; au contraire, les découvertes récentes de la science démontrent que toute opération exécutée par un protozoaire dépend uniquement des conditions de milieu et est par conséquent déterminée dans des conditions déterminées. Néanmoins, malgré les résultats si probants des dernières expériences, beaucoup de naturalistes et de philosophes se refusent à admettre l'absence de volonté dans un corps vivant quelconque. Fort bien ; mais si, comme ils le désirent, les protozoaires sont doués de volonté, ces malheureux animaux doivent se trouver bien souvent contrariés dans leurs projets et être le plus souvent de très méchante humeur [2].

(1) Voy. *Théorie nouvelle de la vie*. Introduction.
(2) Voici une bactérie qui part (chimiotropisme) à la rencontre d'une région de l'infusion où elle trouvera une substance chimique qui lui *plaît* (!). Je dirige d'un autre côté sur elle un rayon de lumière bleue et elle est contrainte de changer sa route. Mais, dira-t-on, c'est qu'elle aime mieux la

Pascal dit quelque part : « Les rivières sont des chemins qui marchent et qui conduisent où on veut aller. » Oui, pourvu que l'on veuille aller où elles conduisent. Il en est tout à fait de même de la volonté qu'on est en droit d'accorder aux protozoaires d'après les expériences et découvertes récentes; ils font ce qu'ils veulent pourvu qu'ils veuillent précisément faire ce qu'ils sont contraints de faire, et dans ces conditions ils sont toujours contents; tout est pour le mieux.

Ceci a l'air d'une plaisanterie, mais ce sont des considérations qui nous mènent à la notion des épi-phénomènes de conscience, notion fort importante pour l'établissement du rapport de la psychologie à la physiologie.

Je monte le ressort d'une machine A munie d'un mouvement d'horlogerie. En face d'elle, j'installe un appareil photographique enregistreur, un cinéma-tographe B. Il est impossible dans les conditions où je me place, que la machine A fonctionne sans que son fonctionnement s'inscrive en B. L'inscription en B accompagne *nécessairement* le fonctionnement de A. L'appareil B a-t-il dans ces conditions une influence quelconque sur A? Pas la moindre, évi-

lumière que la nourriture, alors je l'attire dans une autre direction par une substance attractive qui lui est nuisible (il y en a), elle y court et y meurt; est-ce parce que je l'ennuie au point qu'elle préfère le suicide?

demment. On peut enlever *B*, arrêter son mouvement, le séparer de *A* par un écran opaque, *A* n'en fonctionnera ni mieux ni plus mal.

. L'inscription au cinématographe est un phénomène concomitant du fonctionnement de *A* et n'a aucune influence sur ce fonctionnement.

Supposez maintenant, au lieu d'un cinématographe placé devant la machine *A*, une conscience logée en elle et *liée à elle comme l'était tout à l'heure le cinématographe B*, la machine saura à chaque instant ce qu'elle fait, mais tout se passera exactement de la même manière que si elle ne le savait pas ; en outre, la machine seule saura ce qu'elle éprouve ; sa sensation ne sera pas connue d'un observateur situé hors de la machine puisque cette sensation pourrait disparaître sans que *rien* fût modifié. C'est un *épiphénomène* du fonctionnement de la machine.

Cette comparaison peut facilement s'appliquer aux plastides. Quand, descendant petit à petit de l'homme aux protozoaires, — au lieu d'employer la marche ascendante qui est réellement scientifique, — on est tenté d'accorder la conscience à ces êtres inférieurs, ce que, je le répète, rien n'autorise ni ne défend, c'est seulement une conscience de cette nature, une conscience dépourvue d'activité directrice, un épiphénomène de conscience, qu'on est en droit de leur accorder, puisque la science a démontré que tous les phénomènes fonctionnels des protozoaires sont déterminés par les conditions de milieu.

Hæckel attribue la conscience, non seulement aux corps vivants, mais à tous les atomes de la matière.

Pourvu que le mot conscience s'entende de la manière que je viens de détailler, il n'y a aucun inconvénient à l'accorder à tous les corps vivants ou morts et on pourra énoncer alors le postulatum général suivant : la matière jouit, en dehors de ses propriétés physiques et chimiques, de la propriété de conscience, mais *tout se passerait* exactement de la même manière dans la nature si cette propriété de conscience était retirée à la matière, ses autres propriétés restant les mêmes [1].

Hæckel attribue aussi aux atomes une volonté, mais une volonté fixe ; c'est un simple jeu de mots, et cette volonté fixe n'est que l'épiphénomène hypothétique de conscience, corrélatif de l'affinité chimique en particulier, et des propriétés chimiques des corps, en général.

(1) Il n'est pas inutile de définir avec soin le mot épiphénomène qui est souvent, malgré les explications si précises de Huxley, employé dans un sens différent du sien : « Mais, comme dans le cas du *Microstomum*, il est évident que la constitution d'une colonie n'est qu'un épiphénomène (!) sans importance. » (Delage, *Revue scientifique* du 23 mai 1896, p. 646.)

CHAPITRE II

PASSAGE DES PLASTIDES A L'HOMME

L'affirmation du déterminisme chimique, physiologique, des plastides entraîne une conséquence fort importante. C'est en descendant graduellement de l'homme aux protozoaires que nous avons été amenés à accorder une conscience hypothétique à ces petits êtres, mais une conscience dont le rôle est nul dans les phénomènes qui s'accomplissent en eux, une conscience témoin ne pouvant en aucune manière donner une impulsion, une direction quelconque.

Or, remontons ensuite la série animale à partir des protozoaires.

Nous voyons se compliquer petit à petit les manifestations vitales des animaux, à mesure que s'accroissent le nombre et la différenciation des plastides constitutifs de leurs corps, et nous sommes contraints de considérer toujours, au cours de cette étude ascendante, les phénomènes vitaux comme déterminés ; nous devons donc conclure que, si les animaux sont conscients, nous n'avons le droit de leur accorder qu'une simple conscience témoin, dépourvue d'initiative et de pouvoir directeur.

Or, voilà qu'à l'extrémité de l'échelle nous nous rencontrons nous-mêmes! Ici, l'existence de la conscience n'est plus hypothétique; nous savons ce que nous faisons; mais la série ascendante que nous avons suivie pour arriver jusqu'à nous nous oblige à conclure ce qui suit. Nous savons que nous sommes doués de conscience, mais notre conscience doit être considérée comme un simple témoin inactif, ainsi que celle des autres animaux *si elle existe;* si elle existe ! voilà toute la différence: nous sommes sûrs d'en être doués et nous ne pouvons aucunement savoir si les crabes en ont, mais s'ils en ont, elle est inerte et impuissante et nous ne pouvons accorder d'autres attributs à la nôtre. Nous savons ce que nous faisons, nous ne faisons pas ce que nous voulons; il n'y a en nous que des épiphénomènes de conscience concomitants à des phénomènes chimiques; la volonté est une illusion (1) : « Parce qu'il prend conscience des actes qui se produisent en lui et ainsi les voit naître en quelque sorte, l'homme est tenté de croire qu'il en est le maître et la cause. » (Gley).

Le raisonnement précédent peut pécher de deux manières :

_____

(1) Voyez note, p. 152.

1° Par la base, si l'on n'admet pas comme démontré le déterminisme des protozoaires. Il est certain
que s'il était facile de se débarrasser des idées préconçues sur la spontanéité animale, idées qui font
partie de notre bagage héréditaire et sont en outre
développées par notre éducation, par notre langage,
une étude approfondie des découvertes récentes ne
laisserait aucun doute à ce sujet; mais, il faut en
convenir, cela n'a pas lieu en général. Il est si facile,
comme l'a montré Romanes, de raconter avec les
termes employés pour l'histoire de l'homme, l'histoire des vers de terre ou des amibes ! Pourquoi
cette amibe avale-t-elle ce grain d'amidon ? Parce
que cela lui plaît. Pourquoi cette bactérie est-elle
attirée par la lumière bleue? Parce qu'elle aime
cette couleur. Pourquoi fuit-elle une lumière plus
vive? Parce qu'elle redoute les ardeurs du soleil.
Rien n'est plus nuisible que cette fausse satisfaction
dont l'esprit est entretenu par le langage anthropomorphique. N'est-il pas plus intéressant, au lieu de
donner des actes des protozoaires un semblant d'explication par une volonté hypothétique calquée sur
la prétendue volonté humaine, de chercher à expliquer l'illusion de la volonté humaine par une analyse
scientifique des actes des protozoaires [1] ?

(1) Je ne crois pas inutile de revenir souvent sur cette
importante question de méthode au risque de fatiguer par
de nombreuses répétitions.

Malheureusement, c'est l'inverse que l'on fait, d'aboi l parce qu'il y a là article de foi, ensuite parce qu'on se laisse tromper par la facilité du langage et qu'on s'imagine savoir ce qu'on dit quand on emploie des mots aussi usuels que vouloir, craindre, aimer. C'est ainsi que les savants les plus autorisés, ceux qui ont le plus longuement étudié les êtres inférieurs et qui, par conséquent, seraient les mieux armés pour comprendre le déterminisme de leurs phéno- mènes vitaux parlent encore couramment des goûts et des passions des infusoires ! Eh bien ! voici un expérimentateur qui étudie une bactérie; vous ad- mettez qu'ils ont l'un et l'autre une volonté ? soit ! La bactérie veut aller à gauche et s'y dirige, l'expé- rimentateur l'oblige le plus facilement du monde à aller à droite sans qu'elle ait l'air de s'en plaindre, etc., etc. L'expérimentateur substitue donc quand il le veut et aussi souvent qu'il le veut sa volonté à celle de la bactérie; réfléchissez-y bien et vous serez amenés à conclure que la bactérie n'a pas son libre arbitre, ni l'expérimentateur non plus si la série des êtres nous permet de passer d'une manière continue de la bactérie à lui. Et c'est là qu'est la seconde objection que l'on peut faire au raisonne- ment de tout à l'heure;

2º Est-il possible de passer graduellement des plastides à l'homme sans rencontrer de ligne de démarcation nettement tracée? Ce n'est pas l'avis de

Descartes qui admet l'automatisme animal et nie le déterminisme chez l'homme. Il suffit de lire le livre de Romanes pour se convaincre avec lui que « l'automatisme ne peut être applicable aux animaux sans l'être au genre humain [1] ».

Mais, outre que la question est élucidée d'une manière formelle par les études de Romanes et des autres naturalistes de la même école, elle est tranchée d'autre part par la connaissance du mode de développement de l'homme, puisque l'œuf d'où nous provenons est absolument comparable à un protozoaire.

Il nous est impossible d'étudier, dans ses conditions normales, l'œuf fécondé de l'homme; mais des œufs d'autres espèces, qui sont susceptibles de développement libre en dehors de l'utérus maternel, ont manifesté un déterminisme aussi absolu que celui des *autres* plastides. Or, tout ce que nous savons du développement de l'œuf humain montre qu'il est de tout point comparable à celui d'animaux dont l'embryogénie est très bien connue. Les propriétés de l'œuf de l'homme, se manifestant précisément par son développement [2], ne sont donc pas essentiellement différentes de celles des œufs des autres vertébrés.

Seulement, l'homme est un ensemble tellement complexe quand il est adulte, et même déjà quand

(1) *L'intelligence des animaux*, p. 6.
(2) Voyez *Théorie nouvelle de la vie*, p. 207.

il voit le jour, que son étude complète ne peut se
faire directement ; la physiologie se borne le plus
souvent à analyser les conditions dans lesquelles se
produit tel ou tel de ses actes, sans se préoccuper de
déterminer quelle modification persistante cet acte a
apportée dans la structure de l'être, quelle différence
il y a entre l'homme qui va agir et celui qui a agi.
Or, c'est l'étude seule de ces variations accompagnant le fonctionnement qui permet de comprendre
le développement du corps et des facultés de l'individu, l'éducation, la mémoire, etc. L'homme étant
trop complexe pour permettre cette étude, il faut la
faire chez des êtres plus simples, et voir ensuite si
les lois que l'on a ainsi découvertes sont générales
et s'appliquent à l'homme lui-même. Ceux qui se
refuseront à suivre cette méthode d'investigation se
heurteront à des difficultés insurmontables et seront
amenés naturellement à conserver les erreurs mises
en honneur autrefois par les philosophes qui ont
borné leurs études à l'homme ou qui, seulement, ont
commencé par lui. Mais ceux qui s'y conformeront
minutieusement arriveront aisément à se convaincre
du déterminisme humain.

Ainsi donc, l'étude approfondie des protozoaires
permet d'appliquer à ces animaux le principe de
l'inertie ; le passage graduel et raisonné des protozoaires à l'homme autorise l'extension du principe
de l'inertie à tous les corps de la nature.

*
* *

Voilà une affirmation qui heurte les idées le plus
généralement admises ; le contraire a été en effet
considéré pendant bien longtemps comme la caractéristique des corps vivants par rapport aux corps
bruts.

Mens agitat molem, disaient les vitalistes anciens.

Kant définit la vie, un principe intérieur d'action.
Il est bien certain que, lorsqu'un bras se meut, son
mouvement ne provient pas des réactions qui se passent directement entre sa substance et l'air ambiant,
mais résulte de phénomènes chimiques qui se passent à l'intérieur de l'individu auquel il appartient ;
or, il faut considérer comme en dehors de l'individu
vivant, le milieu intérieur sans cesse renouvelé dans
lequel baignent ses plastides constitutifs. L'idée des
philosophes vitalistes est que le principe vital réside
dans l'intérieur des plastides vivants et est indépendant des réactions qui peuvent se produire entre ces
plastides et *leur* milieu. Claude Bernard, dans la
première de ses leçons sur les Phénomènes de la vie,
démontre victorieusement que le vitalisme de Stahl
est en contradiction avec les résultats les plus certains des recherches physiologiques. Mais ensuite il
revient en quelque sorte sur ce qu'il vient de démontrer quand il ajoute :

« En admettant que les phénomènes se rattachent à des manifestations physicochimiques, ce qui est vrai, la question dans son essence n'est pas éclaircie pour cela ; car ce n'est pas une rencontre fortuite de phénomènes physicochimiques qui construit chaque être sur un plan et suivant un dessin fixes et prévus d'avance, et suscite l'admirable subordination et l'harmonieux concert des actes de la vie.

.« Il y a dans le corps animé un arrangement, une sorte d'ordonnance que l'on ne saurait laisser dans l'ombre, parce qu'elle est véritablement le trait le plus saillant des êtres vivants..., en sorte que si, considéré isolément, chaque phénomène de l'économie est tributaire des forces générales de la nature, pris dans ses rapports avec les autres, il révèle un lien spécial, il semble dirigé par quelque guide invisible dans la route qu'il suit et amené dans la place qu'il occupe. » (Claude Bernard. *Leçons sur les phénomènes de la vie.*)

Nous l'avons déjà vu, les physiologistes se bornent à analyser les conditions dans lesquelles se produit tel ou tel acte de l'être sans se préoccuper de déterminer quelle modification persistante cet acte a apportée dans sa structure, quelle différence il y a entre l'homme qui va agir et celui qui a agi. C'est qu'en général la durée d'une expérience physiologique est assez petite pour que, de son commencement à sa fin, les modifications produites dans

l'être étudié soient très peu frappantes. Aussi
Claude Bernard, assuré, par ses études, de la nature
exclusivement physicochimique des phénomènes physiologiques, localise-t-il, dans les phénomènes de
développement qu'il n'a que peu ou pas étudiés, le
quid proprium de l'être vivant. Un embryologiste,
convaincu au contraire du déterminisme évolutif de
l'individu, ne retrouvera de *force vitale* que dans
les manifestations *volontaires* de l'individu à chaque
moment de son existence, dans les phénomènes physiologiques.

Dans une Nouvelle d'Édgard Poe, diverses personnes sont appelées à raconter en justice ce qu'elles
ont entendu d'un crime commis, on l'apprend ensuite,
par un orang-outang. L'une d'elles a reconnu que
l'assassin parlait hollandais, mais elle ne sait pas le
hollandais ; l'autre a reconnu qu'il parlait anglais,
mais elle ne sait pas l'anglais, et c'en est ainsi de
tous les témoignages. De même, les plus illustres
naturalistes de notre époque n'admettent-ils en
général la manifestation d'une force vitale que dans
les parties des sciences naturelles qu'ils connaissent
le moins.

En réalité il est illogique de séparer la physiologie
de l'étude du développement ou morphogénie [1] ;

(1) Claude Bernard exprime nettement l'opinion contraire :
« Nous voulons bien faire comprendre ce point essentiel que
la morphologie doit être complètement distincte de l'activité

tout fonctionnement d'un organe est accompagné
d'une modification de cet organe et c'est la série de
ces modifications qui constitue la morphogénie ;
l'homme est le résultat de tout ce qu'il a fait. Mais la
raison pour laquelle ces deux sciences ont toujours
été séparées, c'est que les phénomènes de fonctionnement d'un organe se remarquent immédiatement,
tandis que les modifications concomitantes de sa
structure ne nous frappent que lorsqu'elles se sont
accumulées pendant beaucoup plus longtemps.

Imaginez, ce qui est pratiquement irréalisable [1],
que vous ayez photographié au cinématographe
toute la vie d'un homme. Si vous déroulez devant
vos yeux la série des photographies, avec la même
vitesse que quand vous les avez faites, vous revoyez
tous les actes successifs de la vie de l'homme, et les

physiologique des organes. Les lois morphologiques sont
des lois que nous avons appelées dormantes ou expectantes,
qui n'empêchent ni ne produisent aucun phénomène vital,
qui n'agissent pas et sur lesquelles on ne saurait agir. »
(*Leçons sur les phénomènes de la vie*, p. 335.)

(1) Ce qui est pratiquement irréalisable pour un animal
soumis à des déplacements divers, peut être réalisé chez des
végétaux immobiles. Il suffirait, par exemple, de photo-
graphier de douze en douze heures un pot à fleurs contenant
un végétal en développement, une fève par exemple dont la
vie complète ne dure guère plus de 100 jours, et de faire
ensuite passer devant le cinématographe, en moins d'une
minute, les 200 vues ainsi obtenues pour se rendre compte
du *mouvement évolutif* de la plante ; le spectacle serait même
très saisissant; on pourrait faire la même chose avec un
arbre à feuilles caduques du printemps à l'automne, etc.

modifications de sa structure sont trop lentes pour
ne pas vous échapper, de même que quand vous
observez l'homme lui-même directement. Mais figu-
rez-vous le cinématographe déroulant 500,000 fois
plus vite sa bande de photographies; tous les actes
d'une année vous passeront devant les yeux en une
minute ; vous ne pourrez plus voir le détail des actes
physiologiques, vous constaterez seulement la variation morphologique — rapide d'abord chez l'enfant,
peu sensible ensuite quand le balancement des
profits et pertes aura établi l'état adulte. En réalité,
pour montrer le lien de la morphogénie et de la
physiologie, il faudrait faire quelque chose d'analogue à ce que l'on pratique souvent au bas des cartes
de géographie. On réduit dans des proportions très
notablement différentes les hauteurs et les distances
pour donner une idée du relief d'un pays.

Il serait logique que, pour dresser le plan exact
des plateaux de la Beauce, on mesurât en même
temps les distances horizontales et les dénivellations
correspondantes. Mais pour être logique, ce procédé
ne serait pas pratique et les mêmes instruments ne
serviraient pas facilement à l'évaluation de quantités
d'un ordre de grandeur aussi différent. C'est pour
une raison analogue que la morphogénie ne s'étudie
pas en même temps que la physiologie. Mais si les
deux études sont séparées, il ne faut pas perdre de
vue, en observant les phénomènes physiologiques

3.

qu'ils sont en même temps morphogènes ; sans quoi, pour continuer la même comparaison, on s'exposerait à faire comme le voyageur qui, ayant parcouru longtemps un terrain de pente insensible, s'étonne, au bout de sa course, de se trouver au haut d'une montagne.

Ainsi, Claude Bernard est amené à admettre « une sorte de force vitale législative, mais nullement exécutive », et il explique le rôle de cette force vitale en disant qu' : « elle dirige des phénomènes qu'elle ne produit pas ; les agents physiques produisent des phénomènes qu'ils ne dirigent pas ». Ce qui veut dire, il me semble : « La structure d'une locomotive *dirige* le genre de mouvement que lui donne la vapeur ; la vapeur donne à une locomotive une activité qu'elle ne dirige pas, qui serait différente, par exemple, produite par la même vapeur dans une pompe élévatoire ; la vapeur met la machine en mouvement, mais ne construit pas la machine. »

Voilà l'erreur qui provient de la séparation de deux sciences, morphogénie et physiologie, lesquelles sont uniquement relatives à deux manifestations différentes, l'une immédiatement observable, l'autre se mettant plus lentement en évidence, d'*une même activité chimique*.

En démontrant le déterminisme de cette activité chimique, au point de vue de ses manifestations physiologiques, Claude Bernard a, quoiqu'il s'en

défende, établi en même temps le déterminisme
morphogénique, c'est-à-dire en résumé, le déterminisme vital absolu qui s'accorde exactement avec
celui de Leibniz.

L'illustre physiologiste ne veut pas en convenir, et
c'est pourtant bien ce qui ressort de ses conclusions:

« 1° Il y a des conditions matérielles déterminées
qui règlent l'apparition des phénomènes de la vie ;

« 2° Il y a des lois préétablies qui en règlent
l'ordre et la forme. »

Car, qu'est-ce que ces lois préétablies, sinon les
lois générales de la physique et de la chimie, auxquelles Claude Bernard lui-même a montré que se
ramènent les phénomènes vitaux ? Qu'est-ce que le
plan préexistant dont il parle, sinon les *propriétés
chimiques* des protoplasmas, des œufs, etc. ? En
quoi la nature de ces *propriétés* diffère-t-elle essentiellement de celle des propriétés des autres corps
de la chimie ? En rien évidemment : « Tous les
corps vivants sont exclusivement formés d'éléments
minéraux empruntés au milieu cosmique. Descartes,
Leibniz, Lavoisier, nous ont appris que la matière
et ses lois ne diffèrent pas dans les corps vivants et
dans les corps bruts ; ils nous ont montré qu'il n'y
a au monde qu'une seule mécanique, une seule physique, une seule chimie commune à tous les êtres de
la nature. »

C'est encore à Claude Bernard que j'emprunte le

passage précédent ; c'est lui aussi qui paraphrase de
la manière suivante le mot de Leibnitz : « Chaque
chose s'exécute dans le corps vivant comme s'il n'y
avait pas de force [1] vitale. » D'où il conclut qu'en
physiologie il ne faut pas tenir compte de « certains
problèmes qu'on y a mêlés à tort, diverses questions
qui lui sont étrangères ».

N'est-il pas à craindre, si l'on restreint ainsi le
champ de la physiologie, que l'on arrive en définitive à une analyse incomplète des phénomènes de
la vie ? Nous avons vu qu'en unissant la morphogénie à la physiologie, on est amené à se passer de
l'hypothèse peu scientifique du plan préconçu dans
la construction des êtres. En joignant la psychologie
à ces deux sciences, on complète d'une manière très
heureuse la biologie générale et l'on obtient les
avantages suivants :

1° Il est bien certain que, une fois admis le rôle
purement passif des épiphénomènes de conscience,
on ne voit aucun intérêt à tenir compte de ces
épiphénomènes dans l'étude de la vie ; aussi les né-
glige-t-on, toutes les fois qu'il s'agit d'étudier des
phénomènes *observables ;* mais il n'y a pas que des
phénomènes observables, au moins avec nos moyens
actuels d'investigation ; nous ne savons pas, par
exemple, suivre directement les phénomènes physi-

---

(1) Le mot *force* est absolument inapplicable dans ces conditions.

ques et chimiques qui se produisent dans le cerveau
d'un mammifère ; or, ces phénomènes, lorsqu'ils se
produisent en nous-mêmes, s'accompagnent d'épiphénomènes *témoins*, et seuls ces phénomènes peuvent nous renseigner, quelque osbeurs que puissent
être les renseignements qu'ils nous donnent, sur ce
qui se passe dans un cerveau de mammifère. Essayer
d'établir un parallélisme entre tel épiphénomène de
conscience et tel phénomène de conduction nerveuse, c'est donc se préparer un nouveau moyen
d'investigation *physiologique*[1], que rien, jusqu'à
présent, ne peut remplacer et qui conduira peut-être
à des résultats très importants.

2° Outre les renseignements physiologiques précieux que l'on peut tirer de cette méthode de
recherches, on y trouvera probablement aussi l'explication des illusions que nous appelons volonté,
liberté, etc., et de leurs variations dans le sommeil,
la folie et toutes les altérations de la personnalité.

La Biologie se compose de trois parties *insépa-
rables* et se complétant l'une l'autre, la physiologie, la morphogénie et la psychologie.

---

(1) Il y aurait même lieu d'établir un langage psychologique parallèle au langage physiologique, comme nous le verrons un peu plus loin.

CHAPITRE III

DÉFINITION DE L'INSTINCT ET DE L'INTELLIGENCE

Ces préliminaires établis, revenons à la question de l'instinct et de l'intelligence. Nous n'avons plus le droit de chercher dans la volonté une différence de ces deux facultés. Il ne peut y avoir d'intelligence directrice. Tous les phénomènes vitaux de l'homme et des animaux sont déterminés par les conditions de milieu. Ils sont seulement accompagnés d'épiphéno-mènes de conscience absolument inactifs qui donnent l'illusion de la volonté à l'être qui en est le siège. Nous ne devons pas tenir compte de ces épiphéno-mènes inactifs dans une analyse objective des facul-tés des animaux. Certaines particularités observées chez les fourmis, par exemple, nous déterminent à considérer ces insectes comme doués d'intelligence, c'est donc qu'il y a dans les phénomènes vitaux de ces animaux une différence *observable*, indépen-dante, par conséquent des épiphénomènes cons-cients qui peuvent les accompagner, avec les phé-nomènes vitaux de telle autre espèce animale à laquelle nous accordons seulement l'instinct. Cette différence *observable* doit pouvoir s'exprimer sans qu'on ait recours pour cela à l'hypothèse de l'existence d'épiphénomènes inactifs concomitants; autrement dit, il ne faut pas nous préoccuper, quand nous observons le résultat d'un réflexe, de savoir si ce réflexe est conscient ou inconscient — ce que, d'ailleurs, nous ne saurons probablement jamais.

Qu'est-ce que nous appelons instinct, dans les cas les plus simples, chez les plastides isolés, les protozoaires, par exemple? C'est l'illusion que nous nous faisons de la préexistence d'un but en vue duquel seraient adaptées toutes les facultés du plastide. Un protozoaire est-il attiré par la lumière bleue? C'est que la lumière bleue lui est utile, etc., etc. Nous savons que tous les mouvements, qui peuvent paraitre combinés en vue de la conservation de l'individu ou de l'espèce, sont uniquement le résultat de réactions chimiques se passant entre le plastide et le milieu, la conséquence, par suite, des propriétés chimiques, des substances du plastide. Disons-nous que la propriété de donner du sel marin en se combinant au chlore est *instinctive* chez le sodium? Ce serait absolument la même chose que lorsque nous attribuons aux bactéries un instinct qui les pousse à se diriger de préférence vers la lumière bleue.

Si nous n'avions été aveuglés par des idées préconçues, nous aurions laissé de côté cette notion de l'instinct des plastides, dès qu'un résultat expéri-

mental indiscutable nous aurait montré le plastide
fuyant une substance utile et se dirigeant au contraire vers une substance qui cause sa mort. Nous
avons préféré tourner la difficulté et nous disons que
dans ces cas l'animal est trompé par son instinct,
son instinct est en défaut ! C'est à cette élasticité de
définition que l'on se heurte sans cesse quand on
veut convaincre un vitaliste. Les corps de la nature
se divisent par rapport à un plastide en deux catégories : les uns, vis-à-vis desquels la manière de se
comporter du plastide est avantageuse pour lui; les
autres, vis-à-vis desquels la manière de se comporter
du plastide est nuisible pour lui. C'est que, diront
les vitalistes, les premiers corps seuls ont été prévus
dans l'établissement de l'instinct du plastide ! pour
les autres, son instinct est en défaut ! Que voulez-
vous répondre à cela ?

En résumé, ce que nous appelons facultés des
plastides, ce sont uniquement les propriétés chimiques de leurs substances constituantes. Si ces substances constituantes sont exactement les mêmes
dans tous les plastides d'une même espèce, leurs
propriétés seront identiques, et tous réagiront de la
même manière dans les mêmes conditions. C'est pour
Romanes une caractéristique de l'instinct, qu'il est
identique chez tous les êtres d'une même espèce. Eh
bien ! en discutant brièvement cette question, nous
allons voir comme il est facile, en employant le lan-

gage peu précis qui est en usage aujourd'hui, de tirer d'une même observation des conclusions exactement contraires.

Voici deux plastides A et B qui dérivent d'un même ancêtre. L'un d'eux, A, a vécu dans des solutions de plus en plus concentrées d'un sel déterminé ; l'autre, non. Or, nous sommes habitués à dire que A et B sont de la même espèce; nous constatons donc que la manière dont se comportent deux plastides de même espèce vis-à-vis d'une même substance saline *est différente;* nous pouvons même dire que A a tiré parti de son expérience vis-à-vis de la substance saline et ne se dérange plus pour se diriger vers elle parce qu'il n'en a plus besoin. Ce serait alors une marque d'intelligence, d'après la définition de Romanes. Or, il est bien évident qu'il y a là une question de mots et pas autre chose.

Par quoi peut-on définir l'espèce des plastides? Évidemment par leurs caractères, par leurs propriétés chimiques. Mais que devient la notion d'espèce, définie ordinairement par la descendance et la parenté, si deux plastides descendant du même ancêtre ont acquis au bout de deux ou trois générations des propriétés différentes, des caractères nettement distincts? Les phénomènes d'adaptation au milieu entraînent, au point de vue chimique, des variations dans l'espèce des plastides. Par conséquent, on peut renverser la proposition précédemment établie et dire, non plus, que les plastides A et B, appartenant à la même espèce, présentent dans leur manière de se comporter des différences qui doivent leur faire attribuer une certaine part d'intelligence ; mais que ces plastides, se comportant différemment dans les mêmes conditions, ne sont plus de la même espèce.

Il est très difficile de délimiter l'espèce d'une manière immuable [1], et si l'on veut parler des plastides avec précision, il faut leur appliquer uniquement les expressions du langage chimique, éviter de s'appuyer sur les notions pernicieuses d'individu et d'espèce, ne tenir compte en un mot que des substances qui entrent dans leur composition et des propriétés de ces substances. Sans cela, on peut discuter indéfiniment sans s'entendre puisque le même phénomène peut s'interpréter de deux manières contradictoires, avec les termes vagues de la biologie.

Il vaut donc mieux ne pas parler d'instinct et d'intelligence à propos des êtres unicellulaires. Ce sont des expressions inutiles et nuisibles; ce n'est, d'ailleurs, pas pour ces êtres qu'elles ont été créées; s'il n'y avait pas eu d'animaux supérieurs on n'aurait jamais songé à cette distinction des facultés des êtres.

C'est chez les animaux supérieurs qu'il faut les

(1) D'autant que l'espèce n'est pas immuable.

étudier, mais sans oublier ce que l'on sait du déterminisme des plastides dont est constitué le corps de
ces animaux. Ce n'est pas, en effet, qu'il faille admettre, le moins du monde, autre chose que des phénomènes chimiques dans les manifestations de l'activité
vitale de l'homme; mais le fonctionnement d'un
organe est la résultante d'un si grand nombre de
phénomènes chimiques différents, qu'il serait impossible de le raconter, de le décrire, en s'en tenant
aux termes de la chimie; il faut donc employer des
termes nouveaux, embrassant dans leur acception
l'ensemble d'un phénomène, et néanmoins aussi précis que possible.

Voici alors comment se pose la question de la
différence à établir entre l'instinct et l'intelligence :

La réponse de l'organisme à une excitation extérieure donnée est toujours la même pour un individu
déterminé, quelles que soient et les circonstances
concomitantes et les particularités qu'a présentées,
jusqu'au moment considéré, l'organisme étudié;
autrement dit, ce que fait l'animal dans une
circonstance déterminée, ne dépend aucunement de
ce qu'il a fait jusque-là; on a alors affaire à une
manifestation vitale instinctive.

Ou bien, au contraire, étant donné un animal que
l'on excite d'une certaine manière, on ne peut prévoir quelle sera la réponse de son organisme, parce
que cette réponse dépend des circonstances concomi-

lantes et aussi de tout ce que l'animal a fait jusque-
là depuis sa naissance. On a alors affaire à une
manifestation vitale intelligente; l'ensemble de toutes
les conditions qui déterminent la réponse de l'organisme est tellement complexe dans ce second cas,
que l'organisme seul peut prévoir *lui-même* ce qu'il
fera [1] et par suite de quelles causes il le fera, tandis
que tout observateur étranger à lui est à ce sujet
dans l'ignorance la plus complète; d'où l'illusion des
actes *volontaires*.

Il est facile de se rendre compte par une comparaison empruntée à la physique de ce qui se passe
dans ces différents cas. On sait en effet que toute
réponse de l'organisme à une excitation extérieure
dépend uniquement d'un ou plusieurs réflexes, c'est-
à-dire du passage de l'influx nerveux provenant de
cette excitation à travers tel ou tel nerf jusqu'à un
organe moteur quelconque dont il détermine le
mouvement. L'influx nerveux est grossièrement analogue à un courant électrique, c'est pour cela que
l'électricité va fournir une comparaison au cas qui
nous occupe.

Soit une pile (fig. 1), du pôle positif de laquelle
part un gros fil bientôt divisé en 4 fils plus petits;

(1) En admettant que l'organisme en question soit conscient,
c'est-à-dire que des épiphénomènes de conscience accompagnent les phénomènes chimiques dont sa substance est le
siège, ce que nous admettons en général sans pouvoir nous
en procurer de preuve.

ces 4 fils après un trajet variable viennent se réunir
tous en un second gros fil qui se termine au pôle
négatif de la pile et ferme le circuit. Si chacun des
4 fils de dérivation porte des appareils uniquement

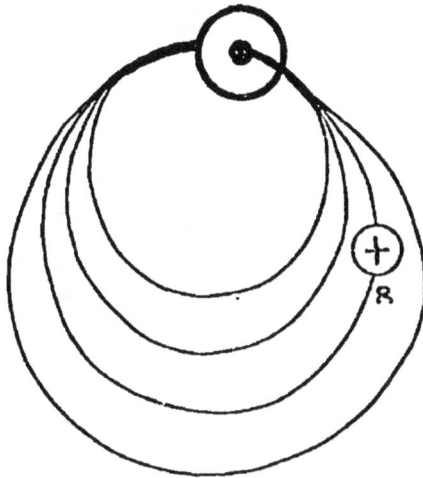

Fig. 1.

physiques, c'est-à-dire ne subissant aucune modification durable par l'effet du passage du courant,
comme des galvanomètres par exemple, la résistance
de chaque dérivation sera constante, le courant se
distribuera donc d'une manière constante dans les
4 dérivations ; alors, si l'on a observé une première
fois les déviations des galvanomètres dans les 4 fils
du circuit, on pourra prévoir que, toutes choses
égales d'ailleurs, c'est-à-dire, l'intensité de la pile ne
variant pas, chaque fois que le courant sera fermé,
chaque galvanomètre donnera toujours une même

indication prévue à l'avance (réponse invariable,
instinct).

Supposons, au contraire (fig. 2), que 3 des circuits dérivés portent des appareils chimiques, comme

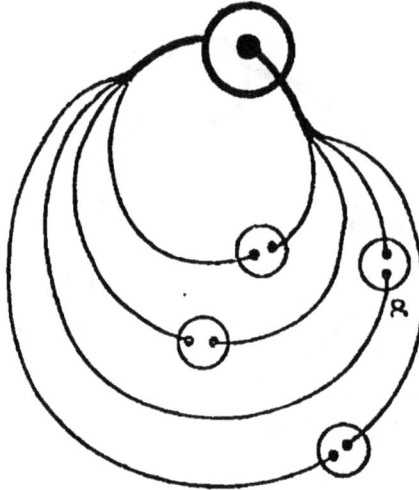

Fig. 2.

des voltamètres, des bains galvanoplastiques, etc., et
que le quatrième porte un galvanomètre. Le passage
du courant dans chacun de ces appareils chimiques
déterminera des électrolyses dont l'effet pourra être
à chaque instant de modifier la résistance du circuit
dérivé correspondant. La résistance de chaque circuit dépendra donc à chaque instant de tout ce qui
se sera passé dans l'ensemble des circuits depuis le
début de l'expérience; la distribution du courant
dans les 4 dérivations variera à chaque instant par
suite des variations de résistances, et il sera impos-

sible à l'observateur, au moment où il va fermer le
circuit, s'il n'a suivi avec soin tout ce qui s'est passé
jusque-là, de prévoir quelle sera la déviation du galvanomètre de la quatrième dérivation. Mais supposez
l'ensemble de l'appareil, doué de conscience, de la
notion de sa résistance en chaque point par exemple,
l'appareil saura ce que va marquer le galvanomètre,
l'observateur croira qu'il marque ce qu'il veut. Et
nous ne sommes pas si loin de croire à la volonté
de ces appareils quand nous ne réfléchissons pas.
Qui de nous, ayant eu affaire à une sonnerie électrique *capricieuse* (!), au téléphone par exemple, ne
s'est demandé anxieusement en appuyant sur le
bouton : « Nous allons voir s'il *voudra* marcher,
cette fois? » Cela veut dire simplement que nous
ignorons si l'ensemble des conditions physiques
nécessaires à son fonctionnement est ou n'est pas
réalisé au moment où nous voulons nous en servir;
si cet ensemble de conditions n'a pas, par exemple,
été détruit par le dernier fonctionnement de l'appareil.

De telles variations ne peuvent exister que dans
un appareil où des phénomènes chimiques sont possibles; elles ne se produiraient donc pas dans un bon
téléphone; elles existent au contraire dans tout organisme animal où chaque fonctionnement n'est que
le résultat d'un ensemble de phénomènes *chimiques*
intéressant tous les éléments anatomiques qui ont

concouru à sa production, organes des sens, nerfs, muscles, etc.

J'ai essayé d'établir ailleurs [1] que, dans chaque élément anatomique, le résultat chimique de l'activité fonctionnelle est l'assimilation, c'est-à-dire que la substance proprement dite de l'élément anatomique s'accroît en quantité pendant qu'il fonctionne; elle décroit au contraire pendant son repos; l'état adulte n'est que le résultat d'un balancement qui s'établit entre l'assimilation pendant le fonctionnement et la destruction pendant l'inactivité.

Cette propriété de l'assimilation fonctionnelle distingue les corps vivants des machines brutes ordinaires qui s'usent en fonctionnant. Si nous nous plaçons au point de vue des réflexes, nous devons concevoir qu'un circuit nerveux déterminé se consolide chaque fois qu'il est parcouru par l'influx, c'est-à-dire, chaque fois qu'il fonctionne, et que par conséquent sa résistance diminue; donc, tout mouvement fait une fois deviendra plus facile à faire une seconde fois; c'est le rudiment du phénomène de mémoire (indépendant, on le voit, de l'épiphénomène de la mémoire consciente).

Il peut se présenter deux cas : dans le premier, le chemin est absolument tracé au réflexe dès le début de la formation de l'organisme (circuit électrique,

(1) *Théorie nouvelle de la vie.* L'assimilation fonctionnelle, chap. XXI.

n'ayant pas de dérivation à résistance variable);
alors, chaque fois que ce réflexe aura lieu, l'assimilation fonctionnelle consolidera son chemin, mais
sans le modifier aucunement; l'organisme donnera
toujours la même réponse à la même excitation (phénomène instinctif) et un observateur quelconque
pourra prévoir cette réponse sans tenir aucun compte
des circonstances concomitantes; que la manifestation correspondante soit consciente ou non, l'observateur n'y verra donc jamais un phénomène volontaire. En outre, l'exécution de cet acte en réponse à
l'excitation donnée dépendra d'une particularité fondamentale et originelle de la structure de l'être; elle
devra donc se retrouver chez tous les êtres d'une
même espèce ce qui nous ramène à l'une des caractéristiques de l'instinct que donne Romanes : « une
opération qui s'accomplit d'une manière uniforme,
dans les mêmes circonstances, chez tous les individus
de l'espèce. » Voici un poussin qui sort de l'œuf; la
constitution de son corps dépend uniquement des
phénomènes chimiques qui se sont passés dans l'intérieur de la coque pendant l'incubation, l'extérieur
n'intervenant dans ces phénomènes que pour fournir une température constante à ces réactions, la
température de la mère. La caractéristique individuelle du poussin dépendra donc uniquement de la
caractéristique chimique de son œuf, c'est-à-dire,
probablement, des rapports des quantités de subs-

tances plastiques qui le constituaient, les qualités de ces substances étant vraisemblablement les mêmes dans tous les œufs d'une même race. Eh bien! supposez qu'un grain de poussière se dépose sur la cornée de l'œil du poussin; sa paupière se déplacera aussitôt, et cela aura lieu chaque fois que la même excitation se reproduira ; c'est un phénomène instinctif commun à tous les poussins; il dépend d'une particularité fondamentale de structure; le chemin est tracé au réflexe.

Dans le second cas, le chemin que suit le réflexe centripète provenant de l'excitation extérieure est plusieurs fois bifurqué comme dans le cas du circuit électrique que nous avons étudié tout à l'heure. Naturellement l'influx nerveux suivra celles des dérivations qui présenteront à son passage les moindres résistances. Et, de plus, son passage même modifiera les résistances relatives des divers chemins qu'il a parcourus, de telle manière que la même excitation, reproduite plus tard, pourra donner un résultat différent.

Encore, la comparaison établie tout à l'heure avec un fil électrique divisé en 4 branches est-elle infiniment trop simple. Il faudrait comparer le chemin qui s'ouvre au réflexe à une véritable toile métallique (fig. 3) dans laquelle chaque côté d'une maille porterait un appareil chimique, et dans laquelle, en outre, chaque fil se terminerait à l'extérieur à un

point pouvant recevoir une excitation du dehors [1].
On conçoit l'inextricable complexité d'une transmis-
sion effectuée dans ces conditions et de combien de

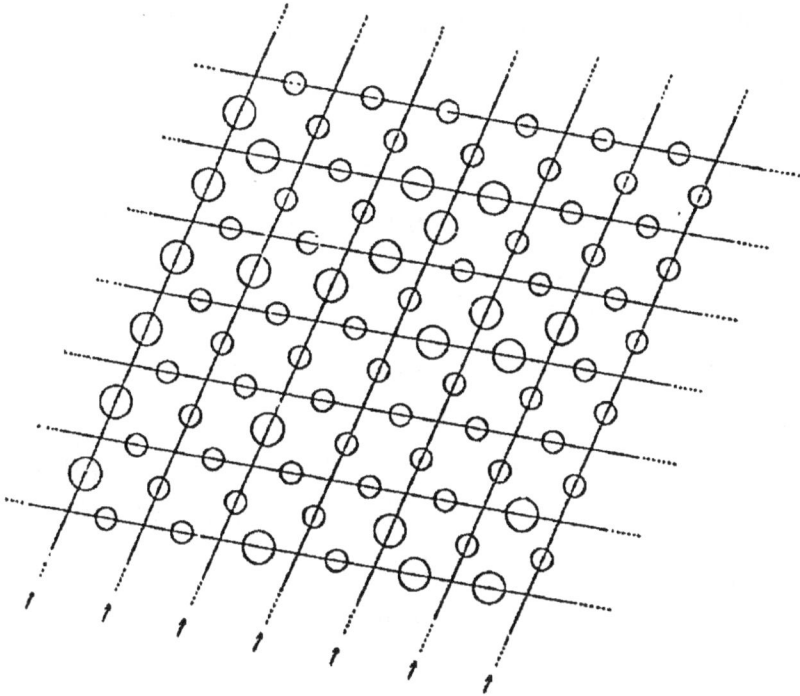

Fig. 3.

phénomènes précédents et concomitants dépend la
distribution du courant dans le réseau.

Mais, en vertu de la loi de l'assimilation fonctionnelle, le chemin parcouru une fois par le réflexe
dans des conditions déterminées (il eût pu être différent dans des conditions différentes et c'est de là que
proviennent les différences individuelles des êtres)

(1) Une excitation dans le cas de l'animal, mais un courant
électrique dans le cas de la toile métallique considérée.

sera désormais plus facile à parcourir. Pendant les premiers temps, il restera quelque incertitude dans la prévision de la manière dont l'organisme répondra à une excitation donnée; l'établissement du chemin du réflexe en rapport avec les conditions présentes, est considéré par l'observateur comme un acte voulu, raisonné (acte intellectuel). Si les conditions sont telles que, à plusieurs reprises, la réponse de l'organisme à la même excitation soit différente, l'assimilation fonctionnelle consolidera successivement plusieurs chemins différents; l'incertitude de la réponse de l'organisme restera la même, l'acte restera intellectuel pour l'observateur.

Si, au contraire, plusieurs fois de suite, la réponse de l'organisme est, par suite des conditions concomitantes, la même pour la même excitation, l'assimilation fonctionnelle consolide un chemin au détriment des autres et ce chemin finit par devenir déterminé pour une excitation déterminée; l'observateur peut prévoir la réponse; l'acte, d'intellectuel qu'il était, est devenu instinctif; mais, vous le remarquez sans peine, cet acte devenu secondairement instinctif est propre à l'individu et non à l'espèce; il faut faire entrer, dans cette seconde catégorie, nos tics, nos manies, etc.

En résumé, un acte est intellectuel tant que le chemin suivi par le réflexe correspondant dépend d'un état de l'organisme, variable à chaque instant avec les circonstances extérieures; il est instinctif quand ce chemin est tracé une fois pour toutes, originellement pour les instincts spécifiques, secondairement pour les instincts individuels acquis. Autrement dit un acte est instinctif quand il dépend d'un chemin nerveux, immuable, *adulte;* il est intellectuel quand il dépend d'un chemin variable, sans cesse modifié par les rapports des diverses parties du système nerveux. Un homme dont le cerveau serait adulte ne serait plus pourvu d'intelligence, il n'aurait que de l'instinct.

On peut définir d'une manière générale : l'instinct, l'ensemble des facultés d'un organisme qui dépendent du fonctionnement de parties adultes du système nerveux; l'intelligence, l'ensemble des facultés d'un organisme qui dépendent du fonctionnement de parties modifiables de ce système. Ainsi, la faculté d'apprendre est du domaine de l'intelligence, puisque la faculté d'apprendre est la possibilité de tracer, dans le système nerveux, un chemin nouveau à un réflexe nouveau, par assimilation fonctionnelle; un cerveau adulte ne serait plus susceptible de rien apprendre; c'est ce qui arrive à peu près chez les vieillards, chez lesquels, en outre, se produit le phénomène de l'oubli dû à la destruction par repos prolongé de certains chemins préalablement tracés[1].

(1) Voyez le chapitre suivant.

4.

Nous nous trouvons conduits tout naturellement, par les considérations précédentes, à la notion des instincts primaires ou innés et des instincts secondaires ou acquis. Nous avons vu (p. 15, en note) que Romanes et Ed. Perrier ont établi la différence de ces deux sortes d'instincts en se basant sur des faits d'observation ; mais ces deux auteurs font intervenir, dans l'établissement de cette différence, une intelligence consciente et directrice : « Si les causes qui ont amené ces modifications sont persistantes, les modifications, d'abord intelligentes, sortent de la conscience pour devenir instinctives. » (Ed. Perrier.)

Il y a, dans cette manière de s'exprimer, une part d'hypothèse, puisque nous ne pouvons jamais savoir si, chez un autre que nous-même, tel ou tel phénomène est conscient ou inconscient.

J'essaierai, dans le chapitre VI de ce volume, de définir nettement et de justifier l'hypothèse qui existe dans la phrase citée précédemment et qui se retrouve à chaque instant dans la langue biologique.

CHAPITRE IV

DÉVELOPPEMENT DU SYSTÈME NERVEUX
ÉTAT ADULTE

Au cours du chapitre précédent, j'ai comparé le système nerveux d'un mammifère à une toile métallique aux extrémités des fils de laquelle viennent aboutir des courants provenant de sources électriques; j'ai supposé en outre que les côtés de chacune des mailles de cette toile métallique sont porteurs d'appareils chimiques dans lesquels le passage d'un courant peut déterminer des phénomènes qui modifient la résistance.

Eh bien! quelle que soit la complexité que l'on attribue à cette toile et à ses diverses parties, on sera toujours loin de celle qui appartient en réalité au cerveau humain. Les transmissions de l'influx nerveux [1] se font entre des cellules en nombre immense et dont chacune est d'une structure très embrouillée, de telle sorte que les phénomènes d'induction et d'influence qui peuvent avoir lieu de cellule à cellule

(1) *Théorie nouvelle de la vie*, chap. xx.

par contiguité défient toute analyse mathématique[1].
C'est une des raisons qui nous font croire à la liberté
humaine.

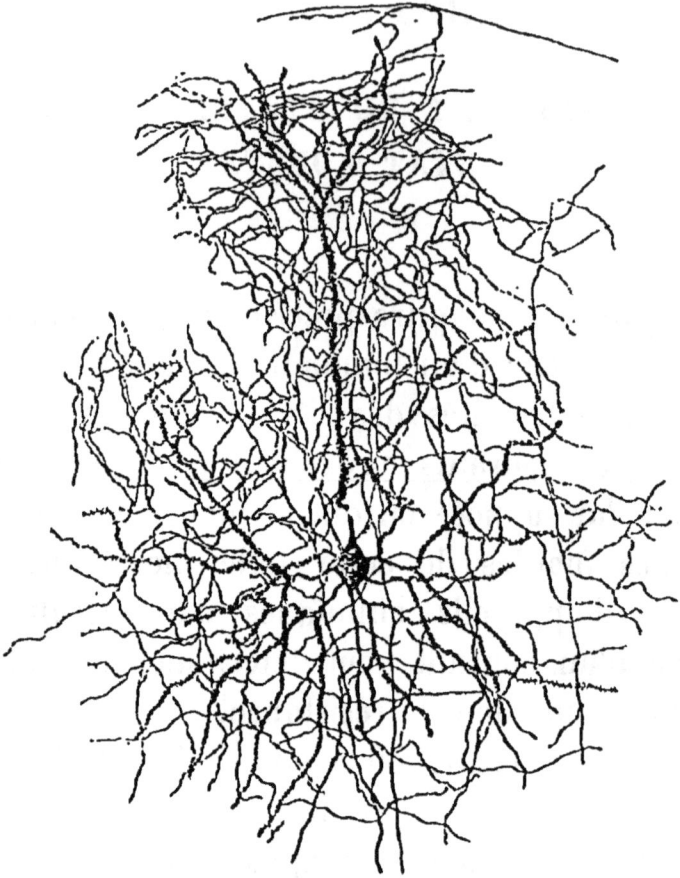

Fig. 4. — Cellule pyramidale, dite psychique, de la souris
adulte pour montrer l'intrication des fibres cylindraxiles
enveloppant les prolongements protoplasmiques avec les
épines desquelles elles semblent au contact. D'après Azoulay.

(1) Et non seulement l'ensemble des cellules nerveuses
forme un tout très compliqué, mais encore le nombre des
points d'entrée du courant nerveux dans cet ensemble (ter-

La figure 4 représente une cellule pyramidale de la souris adulte.

L'application, à la morphogénie du système nerveux, de la loi d'assimilation fonctionnelle[1], nous fait prévoir que chaque nouveau chemin suivi par l'influx nerveux, chaque nouveau réflexe, déterminera dans *tous les neurones qu'il parcourt* soit l'allongement des prolongements parcourus, soit la naissance de nouveaux prolongements, de telle manière que le chemin, parcouru une fois, sera *tracé* plus nettement dans le cerveau; il le sera de plus en plus à mesure qu'il sera plus souvent répété. *C'est le phénomène élémentaire de la mémoire, de l'habitude.*

Mais, précisément, les études histologiques ont prouvé que la cellule pyramidale est le siège d'une complication progressive due à l'allongement de ses rameaux et au développement de nouveaux prolongements.

J'emprunte au traité élémentaire d'histoire naturelle de E. Aubert le résumé d'embryologie de la cellule pyramidale cérébrale chez l'homme, d'après Ramon y Cajal :

« La cellule pyramidale de l'écorce grise cérébrale, qui paraît jouer un rôle fondamental dans l'élabo-

minaisons sensitives périphériques) est extrêmement grand de sorte que la toile métallique donne une idée très faible de la complexité réelle des choses.

(1) *Théorie nouvelle de la vie,* chap. XXI.

ration des excitations, présente une curieuse évolution chez le fœtus humain au cours du développement. D'abord constituée par un neuroblaste sans
tige protoplasmique, elle acquiert peu à peu un
cylindre axe sans ramifications et un panache ter-
minal des plus simples; apparaissent ensuite les
ramilles collatérales du cylindre-axe et du panache
qui se développent eux-mêmes en longueur; cette
phase correspond à la fin de la vie embryonnaire.
La complexité de la forme définitive de la cellule
pyramidale est seulement acquise dans l'âge adulte,
et d'une manière variable *probablement* avec la
gymnastique cérébrale.

La multiplicité des ramilles terminales et collatérales déterminerait, dans la substance grise cérébrale,
grâce à une éducation mentale[1] savamment dirigée,
de nouvelles connexions intercellulaires; elle favo-
riserait ainsi le groupement de plus nombreux
éléments en vastes associations capables d'un travail
puissant et rapide.

Cette corrélation entre l'accroissement des expan-
sions cellulaires nerveuses et le développement des
facultés intellectuelles semble confirmée par l'examen
comparé de la cellule pyramidale dans la série des
vertébrés adultes.

Les poissons sont dépourvus de cet élément his-

(1) Voir page 146.

tologique qui, chez les reptiles, présente un cylindre-
axe peu ou pas ramifié et un panache élémentaire.
La cellule pyramidale des oiseaux ne diffère pas sensiblement de cette forme ; ses ramifications sont
d'autant plus nombreuses, chez les mammifères, que
ces animaux ont une intelligence mieux accusée.

« Si nous ne craignions d'abuser des comparaisons,
dit M. S. Ramon y Cajal, nous dirions que l'écorce
grise cérébrale est pareille à un jardin semé d'arbres
innombrables (*cellules pyramidales*) qui, grâce à une
culture intellectuelle, peuvent multiplier leurs branches (panaches), enfoncer plus loin leurs racines
(cylindres-axes et leurs ramifications), et produire
des fleurs et des fruits (travail intellectuel) chaque
fois plus variés et plus exquis. »

C'est à dessein que j'emprunte ce résumé à un
ouvrage très élémentaire; les faits sur lesquels je
m'appuie sont en effet dans le domaine de la science
courante.

N'est-il pas très facile, avec cette simple description,
de se rendre compte de la construction du cerveau
par l'éducation comme d'une application de la loi de
l'assimilation fonctionnelle ?

Entre l'excitation qui provient de l'extérieur et le
phénomène fonctionnel qui en résulte, trouve place
le *fonctionnement* d'un nombre variable d'éléments
nerveux, fonctionnement qui s'accompagne d'épiphénomènes de conscience dont je m'occuperai plus

loin (chapitre v) et qui sont nos opérations mentales
(réflexion, hésitation. etc.); mais ce fonctionnement
est un phénomène chimique comparable à celui de la
vie élémentaire manifé 'ée d'une amibe et, pas plus
que chez l'amibe, nous n'avons le droit d'y faire
intervenir un principe immatériel d'action, une
volonté; il dépend uniquement des conditions réalisées au moment considéré dans le milieu intérieur
qui baigne le neurone, des relations préexistantes de
contiguité avec les neurones voisins, et de l'influx
qui y arrive provenant de l'excitation extérieure.

M. Lépine admet dans la variation de l'extension
des prolongements protoplasmiques au moment du
réveil (voir p. 145) un éréthisme de la cellule, corrélatif de la volonté[1]. Il n'y a pas lieu d'admettre la
·volonté dans le neurone plus que dans les plastides
protozoaires.

Chaque opération exécutée par un homme, ou
mieux, chaque opération dont l'homme est le siège
s'accompagne donc d'assimilation dans une certaine
partie du système nerveux. Cette assimilation peut modifier les rapports des parties entre elles (Intelligence)
ou consolider les parties sans rien changer à leurs
rapports réciproques (Instinct). Dans ce dernier cas,
nous avons dit que les parties correspondantes du système nerveux sont adultes. Que faut-il entendre par là?

(1) Voir Azoulay, *Psychologie histologique*, dans l'*Année
psychologique* (Alcan, 1896).

. Habitués que nous sommes à nous occuper surtout de l'homme et des animaux supérieurs; étant en outre particulièrement frappés par les apparences extérieures des corps vivants, nous avons l'impression que le mot adulte a une signification précise. Nous disons couramment que l'homme devient adulte vers l'âge de vingt-quatre ans. Cela signifie-t-il qu'à partir de cet âge son corps n'est plus le siège d'aucune modification? Certainement non, mais ces modifications sont peu sensibles extérieurement et en particulier les dimensions moyennes des diverses parties du corps ne changent plus d'une manière notable. J'ai expliqué ailleurs[1] comment se réalise cette sorte d'équilibre par un balancement obligatoire entre l'assimilation dans les organes qui fonctionnent et la destruction organique dans les organes inactifs. En réalité, la nécessité de l'état adulte se réduit à la fixation naturelle, pour les individus d'une espèce, d'un maximum de la quantité totale des substances plastiques. Pour certaines parties du corps, les muscles par exemple, ce maximum du volume entraîne la détermination d'un véritable état adulte car les rapports des divers éléments histologiques s'y modifient peu et, surtout, leurs modifications ont bien peu d'importance dans le fonctionnement général de l'organisme.

(1) *Théorie nouvelle de la vie.* Chap. XXIV.

On peut donc considérer que les alternatives de travail (assimilation) et de repos (destruction) conser-
vent, à peu de chose près, le muscle semblable à lui-
même[1].

Il n'en est plus de même lorsqu'il s'agit du système
nerveux central. Le rôle du tissu qui le constitue
dans le fonctionnement général de l'organisme
dépend essentiellement des rapports réciproques de
contiguité qui existent entre ses divers éléments : or,
tout fonctionnement est capable de modifier ces
rapports, puisque tout fonctionnement détermine
une assimilation dont le résultat est d'allonger les
prolongements cellulaires existant déjà ou d'en faire
naître de nouveaux, ainsi que le prouve l'embryogénie de la cellule pyramidale. C'est pour cela
qu'une même opération, répétée souvent, crée une
habitude en traçant un chemin déterminé dans le
système nerveux général, comme nous l'avons vu
plus haut. Au contraire, si l'on néglige longtemps de
refaire cette même opération, certaines parties du
chemin tracé se détruisent par le repos et l'habitude
se perd, l'oubli arrive.

Il y a des parties de notre système nerveux général
que l'on peut considérer comme à peu près adultes
de bonne heure, les nerfs périphériques par exemple
et certaines parties au moins de la moelle épinière,

(1) Sauf l'accumulation de certaines substances inertes qui
augmentent sa rigidité.

ainsi que le prouve la constance des réflexes médul-
laires ; mais en admettant que cela soit vrai pour ces
parties spéciales de notre système nerveux, il ne
faudrait pas croire qu'il en est de même pour notre
cerveau, dans lequel les rapports des éléments
restent longtemps essentiellement variables, ainsi que
le prouve notre faculté d'apprendre, de contracter
de nouvelles habitudes ; cette faculté diminue chez le
vieillard, mais il ne semble pas qu'elle disparaisse
jamais complètement avant la mort.

L'homme est essentiellement intelligent et l'on ne
peut pas dire que son cerveau devienne jamais tout
à fait adulte quelque longtemps qu'il vive.

Tout animal dont le système nerveux peut devenir
adulte [1], est, à partir de ce moment, dépourvu d'intelligence ; il n'est plus susceptible d'éducation ; la réponse
de son organisme à une excitation déterminée est toujours déterminée dans des conditions déterminées.

Lorsque tout le système nerveux devient adulte de
bonne heure, l'animal n'a que des instincts primaires ou innés [2].

Lorsque des parties, primitivement variables, du système nerveux deviennent adultes par suite d'un fonc-

---

(1) Bien entendu, système nerveux adulte veut dire ici
système nerveux tel que les rapports réciproques de ses éléments sont immuables.

(2) Il reste là quelque chose de vague à cause de l'expression : « de bonne heure » qu'il faudrait préciser dans chaque
cas, mais cela n'a pas grande importance.

tionnement identique à lui-même, et souvent répété,
les réflexes correspondants sont des instincts secondaires ou acquis [1]. Il se peut que les instincts secondaires [2] coexistent avec l'intelligence, si une partie du
système nerveux reste variable et susceptible d'éducation.

Le plus souvent, les instincts primaires correspondent à des réflexes essentiels à la conservation de
l'individu ; ils ne peuvent donc pas disparaître par
désuétude puisque les périodes de repos destructeur
des parties correspondantes du système nerveux ne
sont jamais bien prolongées.

Il en est quelquefois de même aussi des instincts
secondaires acquis, mais pas le plus souvent ; on
peut *perdre une habitude* si les circonstances sont
telles que le réflexe correspondant reste longtemps
sans se produire, etc., etc.

J'ai insisté longuement sur cette question et je me
suis intentionnellement souvent répété parce que je
crois utile de montrer qu'on peut s'exprimer d'une
manière nette et précise au sujet des phénomènes
biologiques les plus complexes.

(1) L'habitude est une seconde nature. Voyez Romanes et
Ed. Perrier.

(2) Romanes (voyez plus haut, p. 16, en note) considère
comme héréditaires les instincts secondaires ou acquis; il y
a là une affirmation qui mérite d'être discutée ; il semble bien
probable que l'hérédité transmet une *disposition* (préexistant
chez le parent dès son jeune âge) à acquérir facilement cet
instinct secondaire, mais non l'instinct lui-même.

DEUXIÈME PARTIE
LES ÉPIPHÉNOMÈNES

CHAPITRE V
CONSCIENCE ÉLÉMENTAIRE ET CONSCIENCE SOMME

Dans l'étude, faite au cours des deux derniers chapitres, des phénomènes d'instinct et d'intelligence, nous avons intentionnellement négligé les épiphénomènes de conscience qui les accompagnent, et qui, nous ne saurions trop le répéter, doivent être considérés uniquement comme des témoins inactifs.

Le moment est venu de nous occuper de ces épiphénomènes dont l'analyse sera rendue plus facile par les connaissances acquises précédemment; en effet, nous l'avons vu plus haut, la synonymie fréquemment admise des adverbes, instinctivement, inconsciemment, doit provenir d'un rapport entre la nature instinctive d'une opération et l'absence d'épiphénomène de conscience concomitant.

Nous ne pouvons faire *que sur nous-mêmes* l'étude scientifique des épiphénomènes; mais cette étude,

faite sur nous-mêmes, doit nous suggérer des hypothèses sur l'existence des mêmes propriétés dans des
corps analogues à nous et ainsi de suite jusqu'aux
plastides et aux molécules mêmes. Toutes ces hypothèses ne pourront probablement jamais se vérifier
directement ; mais si nous arrivons à admettre chez
les plastides une propriété simple, nous pourrons,
jusqu'à nouvel ordre, considérer cette propriété
comme scientifiquement établie, quand remontant
ensuite des plastides jusqu'à l'homme en suivant la
marche ascendante normale, nous aurons exactement retrouvé aux degrés supérieurs de l'échelle
animale, non seulement les épiphénomènes complexes dont nous étions partis primitivement, mais
encore d'autres épiphénomènes que nous n'avions
pas étudiés en commençant et dont nous reconnaissons l'existence en nous-mêmes.

J'ai exposé ailleurs[1] la formation, au moyen de
plastides doués de vie élémentaire, des êtres supérieurs doués de vie; je supposerai donc connus les
phénomènes du développement individuel et la structure histologique des adultes.

L'homme est une association très complexe d'éléments anatomiques liés entre eux, au point de vue
physiologique, tant par le milieu intérieur que par
le système nerveux. Au point de vue de la person-

_____
(1) *Théorie nouvelle de la vie.* Livres IV et V.

nalité consciente, il est bien immédiatement manifeste que seul ce dernier mode de relation est important. Sectionnons en effet les nerfs d'un de nos
membres ; sans nous préoccuper de ce qui en résultera
au point de vue physiologique [1], nous constaterons
très facilement que ce membre se trouve désormais
en dehors de notre personnalité psychologique ; il
est non seulement paralysé, mais encore insensible,
c'est-à-dire que nous ne sommes plus le moins du
monde tenus au courant de ce qui se passe dans ses
éléments constitutifs. Cette partie de notre corps est
cependant encore baignée par le même milieu intérieur. Une discontinuité traumatique dans notre système nerveux suffit donc à séparer de notre personnalité psychologique une partie de notre individu
physiologique. Une lésion dans un centre important
de ce système peut même altérer et quelquefois très
profondément notre personnalité ; une étude attentive montre qu'il existe un lien immuable entre la
conduction nerveuse et l'individualité psychologique,
entre les rapports réciproques des diverses parties
du système nerveux et la personnalité.

Il est certain que le système nerveux d'un homme
ne constitue pas par lui-même un individu physiologique complet ; la vie du système nerveux ne pourrait se conserver en dehors des rapports de conti-

(1) *Théorie nouvelle de la vie.* Chap. xx.

guité et de continuité qui le relient aux autres éléments anatomiques de notre corps ; cependant, les
expériences les plus précises de la physiologie nous
le prouvent, si l'on pouvait conserver inaltérée la
structure chimique d'un système nerveux muni de
toutes ses terminaisons, *en dehors du corps d'un
homme*, la personnalité de cet homme se continue-
rait, sans modification, dans celle de ce système nerveux isolé. Une telle affirmation est aujourd'hui du
domaine de la science courante.

. La continuité de substance est absolue dans un
neurone ; de neurone à neurone il n'y a que des rapports de contiguïté, mais ces rapports sont suffisamment étroits pour que, nous devons nous en convaincre en nous étudiant nous-mêmes, la résultante
des épiphénomènes qui se produisent simultanément
dans un plus ou moins grand nombre d'entre eux au
cours d'un phénomène vital, soit, en quelque sorte,
un *phénomène somme*, unique, une sensation totale
d'autant plus complexe que sont plus considérables le nombre et la variété des neurones entrant
en jeu. Cette sommation des épiphénomènes accompagnant l'activité des neurones séparés mais contigus qui composent notre système nerveux, nous
donne la sensation d'un *moi* unique ; les sommations partielles correspondant à l'activité d'une
partie seulement de ces neurones, nous donnent
des sensations variables avec le nombre et la disposi-

tion des neurones actifs dans l'opération consi_dérée.

Nous reviendrons plus loin en détail sur cette hypothèse d'une sommation d'épiphénomènes simultanés dans des neurones simultanément actifs. Constatons seulement ici qu'elle est beaucoup plus vraisemblable que toute autre hypothèse tendant à attribuer, à certains neurones spéciaux ou même à un seul neurone, des propriétés *essentiellement* différentes de celles d'autres neurones, qui, physiquement ou chimiquement, leur sont de tout point comparables. Les personnalités incomplètes qui résultent de certains traumatismes des centres, prouvent d'une manière très solide que cette sommation d'épiphénomènes de neurones voisins est un fait réel.

Admettons donc pour le moment que notre *moi* résulte de la sommation des épiphénomènes qui se produisent au cours de l'activité de nos divers neurones. Nous voilà conduits à cette conclusion que l'activité d'un neurone est accompagnée d'épiphénomènes qui lui sont propres.

Or, un neurone, par sa constitution physique et chimique, ne diffère pas *essentiellement* d'un plastide quelconque doué de vie élémentaire ; les substances plastiques qui le composent ont, en commun avec celles d'un plastide quelconque, ce caractère spécial de structure chimique qui se traduit par l'assimilation pour un plastide complet dans un milieu réalisant la condition n° 1 [1]. Nous sommes donc amenés, par une suite de déductions logiques et d'hypothèses vraisemblables, à admettre que des épiphénomènes de conscience accompagnent l'activité d'un plastide quelconque.

Mais, dans un plastide même, il doit y avoir sommation d'épiphénomènes ; nous savons que tous les phénomènes de l'activité des plastides sont des conséquences de réactions chimiques, et que la substance totale des plastides se renouvelle constamment, à la condition n° 1, au moyen d'éléments bruts empruntés au milieu extérieur.

Il est vraisemblable d'admettre qu'un ensemble continu de molécules de substances plastiques n'a pas des propriétés *essentiellement* différentes de celles d'une de ces molécules considérée seule ; la logique nous conduit donc à admettre l'existence d'*épiphénomènes moléculaires* qui, dans un plastide continu, notre observation du système nerveux nous oblige à le croire, sont l'objet d'une sommation d'où résulte l'*épiphénomène plastidaire*.

Or la molécule de substance plastique est composée d'atomes comme le plastide est composé de molécules ; nous arrivons, par cette voie descendante, à l'hypothèse de la *conscience atomique* de Hæckel.

Hæckel accorde la conscience à tous les atomes ;

---

(1) *Théorie nouvelle de la vie.* Chap. IX.

ce n'est, certes, qu'une hypothèse, mais elle est vraisemblable, au moins pour les atomes qui entrent dans la constitution des substances plastiques comme le carbone, l'hydrogène, l'azote, etc. Nous constatons en effet, que nous hommes, corps constitués uniquement au moyen de ces éléments, sommes doués de conscience et il est naturel d'admettre que telle ou telle combinaison d'atomes est douée d'une conscience somme, résultante des consciences élémentaires de ses atomes constitutifs, plutôt que de considérer la conscience d'un corps complexe comme résultant de sa construction même, au moyen d'éléments dépourvus de conscience.

Je le répète, tout cela est purement hypothétique; mais la manière de voir de Hæckel est plus vraisemblable que toute autre, parce qu'elle ne fait appel qu'à des additions, des sommations d'éléments ne modifiant en rien l'*essence* même des choses.

Arrêtons-nous un instant à ce que nous pouvons entendre par la conscience d'un atome.

Dans l'hypothèse atomique presque universellement admise aujourd'hui, un atome est quelque chose d'essentiellement fixe et immuable; ses propriétés sont constantes et caractéristiques de son espèce. Un atome de carbone est *identique* à un autre atome de carbone, au point de vue des phénomènes auxquels il peut donner lieu ; deux réactions se produisant dans deux vases séparés, au moyen de substances identiques, dans des conditions identiques, sont identiques.

Il est donc logique d'admettre que, même pour les propriétés qui ne sont pas accessibles à l'observation, il y a également *identité* entre deux atomes de même espèce; il y aurait une « conscience carbone » qui serait la même pour tous les atomes de carbone; il y aurait une « conscience azote » qui serait la même pour tous les atomes d'azote.

Le mot conscience doit être appliqué ici dans son sens le plus restreint; je représenterai par la lettre φ suivie du symbole chimique de l'atome considéré, ce quelque chose d'à peu près indéfinissable.

φ (H) sera la conscience atomique de l'hydrogène ; φ (O) la conscience atomique de l'oxygène. φ (H), φ (O), etc., représentent donc des choses immuables.

La conscience d'une molécule doit être considérée comme la somme des consciences des atomes qui la constituent, la sommation étant faite, naturellement, de telle manière que chaque conscience atomique y prenne une place correspondant à la place qu'occupe lui-même l'atome en question dans l'édifice moléculaire [1].

$$\varphi(\text{H Cl}) = \varphi(\text{H}) + \varphi(\text{Cl}).$$

Dans une réaction chimique entre des molécules

(1) Il va sans dire que, si l'on admet l'hypothèse d'une matière unique a, il faudra considérer les atomes C, H, Az, etc., comme des molécules, indestructibles dans l'état actuel de la

de substances différentes, la somme totale des φ en jeu ne variera pas; mais, par suite de la réaction, les groupements atomiques variant, les φ moléculaires varieront. Ce serait cette variation du φ d'une molécule déterminée qui constituerait, si j'ose m'exprimer ainsi, la *sensation moléculaire* de la réaction; j'y reviendrai plus longuement à propos des substances plastiques.

Les molécules d'une substance chimiquement définie sont toutes semblables; toutes sont composées, de la même manière, d'atomes identiques. Le φ moléculaire d'une telle substance doit donc être le même pour toutes les molécules.

Nous avons admis, tout à l'heure, que les φ des atomes *s'ajoutent* dans la molécule qu'ils constituent. Cette hypothèse est nécessaire pour qu'il soit possible d'arriver à ce que nous avons vu plus haut au sujet des êtres supérieurs; elle est d'ailleurs très vraisemblable à cause de la cohésion particulière qui réunit, qui accroche ces atomes les uns aux autres dans une molécule définie. En sera-t-il de même pour les φ de deux molécules voisines? Il est à présumer que non. Il n'y a pas cohésion chimique

science, et composées d'atomes α en nombre et en disposition déterminés pour chaque corps. On aura alors.

$$\varphi \ (\text{II}) = \Sigma \ \varphi \ (\alpha)$$

le signe Σ représentant une sommation faite en tenant compte de la disposition des différents atomes α qui entrent dans la constitution de la molécule II.

entre deux molécules voisines d'un même corps;
une molécule est, au repos chimique, absolument
comparable à un atome : la seule différence est que,
dans l'état actuel de la science, la molécule de corps
simple est indécomposable.

D'ailleurs, si nous admettions qu'il y a sommation
des φ de n'importe quelles molécules voisines dans
un même corps nous ne pourrions plus concevoir la
possibilité chez l'homme de phénomènes inconscients,
ainsi que nous le verrons plus tard. Nous nous dirons
donc, jusqu'à plus ample informé, que, dans un corps
quelconque, les molécules sont assez indépendantes
les unes des autres pour que la sommation de leurs
φ ne se fasse pas.

Ce qui est probable pour un corps quelconque de
la chimie, l'est-il aussi pour un plastide ? Non.

Les expériences de mérotomie[1] nous ont appris
l'existence d'une *continuité*[2] spéciale dans la substance du plastide, continuité qui n'existe pas dans
les corps ordinaires de la chimie.

Voici en effet une réaction chimique quelconque
ayant lieu entre n corps dissous dans un vase. Cette
réaction se produira, même si l'on a placé les substances réagissantes en des points différents, mais pas
trop éloignés, du dissolvant. Il y aura *diffusion* et
chaque molécule, *libre* dans le liquide, réagira pour

(1) *Théorie nouvelle de la vie.* Chap. vii.
(2) Ou plutôt cohésion.

son propre compte avec d'autres molécules également *libres* des corps juxtaposés.

Considérons au contraire un plastide à l'état de
vie élémentaire manifestée. On ne peut pas considérer les substances plastiques constitutives de ce
plastide comme libres les unes par rapport aux
autres. Il n'y a pas diffusion de substances plastiques
dans le liquide, mais seulement diffusion d'autres
substances chimiques provenant des réactions de la
vie élémentaire manifestée du plastide et que j'ai
appelées ailleurs les substances *R* [1].

Les substances plastiques ne sont donc pas, à proprement parler, dissoutes ou liquides, et cependant
elles ne sont pas solides et se trouvent dans un état
perpétuel d'activité chimique. La   ohésion spéciale
qui les réunit pendant les réactions de la vie élémentaire manifestée devient évidente dans les expériences de mérotomie, ainsi que nous allons le voir.

L'ensemble des réactions chimiques qui constituent
la vie élémentaire manifestée du plastide, c'est-à-dire,
l'ensemble des réactions dont le résultat est l'assimilation, ne peut se produire que dans une masse *continue* composée de *toutes* les substances plastiques
du plastide, et cette condition de continuité ne serait
pas nécessaire si les substances plastiques étaient
diffusibles au sein du milieu, c'est-à-dire, non cohérentes dans la masse du plastide.

(1) *Théorie nouvelle de la vie.* Chap. VIII.

Voici, par exemple, une gromie qui se trouve à l'état de vie élémentaire manifestée[1] dans un milieu réalisant la condition n° 1. Je sépare par un trait de scalpel une partie du réseau protoplasmique constituant les pseudopodes de ce foraminifère ; j'ai ainsi divisé en deux parties A_1 et A_2 une masse continue de substances plastiques A. La masse A_1 contient, réunies en un tout continu, toutes les substances plastiques du noyau et du protoplasma de A ; la masse A_2 ne contient que des substances du protoplasma.

Eh bien ! la masse A_1 continue à se comporter exactement comme A et est le siège de réactions dont un résultat est l'assimilation ; la masse A_2, au contraire, est le siège d'une destruction plus ou moins rapide.

C'est que toutes les substances nécessaires à l'assimilation existent dans A_1 ; il en manque au contraire dans A_2 et, quoique ces deux masses de substances plastiques restent voisines l'une de l'autre, les substances complémentaires existant dans A_1 n'interviennent pas dans les réactions de A_2. Les réactions dont résulte l'assimilation ne peuvent donc se produire que dans une masse *continue* de substances plastiques, et cela donne l'idée d'une cohésion spéciale des substances plastiques entre elles dans l'étendue d'un plastide.

---

(1) *Théorie nouvelle de la vie*, p. 90.

En effet, si l'on réalise expérimentalement le rapprochement des deux masses A_1 et A_2, une soudure se produit entre elles[1] et l'ensemble se trouve de nouveau dans la condition n° 1, c'est-à-dire que l'assimilation résulte des réactions qui se produisent dans cette masse continue et complète de substances plastiques.

J'ai étudié en détail toutes ces questions dans la *Théorie nouvelle de la vie ;* je les rappelle seulement pour montrer que l'on doit admettre, entre les molécules constitutives des substances plastiques d'un plastide, une cohésion analogue, sinon identique, à celle qui relie entre eux les atomes constitutifs d'une molécule. On est donc amené logiquement à conclure que, la sommation des φ atomiques dans une molécule étant considérée comme une conséquence de la cohésion des atomes de la molécule, la sommation des φ moléculaires dans un plastide devra être une conséquence de la cohésion des molécules plastiques dans ce plastide. Au point de vue des épiphénomènes, un plastide formerait donc un tout bien mieux défini qu'une goutte d'huile ou de tel autre liquide suspendu dans un milieu avec lequel il n'est pas miscible.

---

(1) Cette soudure est possible et a toujours lieu dans le cas des gromies et des rhizopodes réticulés en général. Elle est impossible dans beaucoup d'autres cas, chez les rhizopodes lobés par exemple.

Ceci donnerait donc l'idée d'une certaine individualité psychique du plastide. J'ai essayé de montrer ailleurs [1] qu'au point de vue objectif une telle notion est non seulement inutile, mais même nuisible le plus souvent.

Tous ces préliminaires établis, soient $a_1, a_2, a_3, \ldots a_p$, les molécules des substances plastiques constitutives d'un plastide donné A.

La molécule a_n de l'une quelconque de ces p substances, ayant pour structure atomique $Az^l H^m O^q C^r \ldots$ etc., on aura par hypothèse :

$$\varphi(a_n) = l\varphi(Az) + m\varphi(H) + q\varphi(O) + r\varphi(C) + \ldots$$

et, puisque la sommation des φ moléculaires doit avoir lieu dans un plastide comme la sommation des φ atomiques a lieu dans une molécule :

$$\varphi(A) = \Sigma\varphi(a_1) + \Sigma\varphi(a_2) + \Sigma\varphi(a_3) + \ldots\ldots + \Sigma\varphi(a_p)^2$$

On voit donc que tout en admettant l'existence d'une conscience propre à chaque espèce atomique, on est logiquement conduit néanmoins à établir une grande différence, au point de vue des épiphénomènes, entre un grain de sable ou une goutte d'eau d'une part, et un plastide d'autre part. Dans le grain de sable ou la goutte d'eau, il y a des φ moléculaires

(1) *Théorie nouvelle de la vie*, p. 174.

(2) Lisez : φ de A égale somme de φ de a_1 + somme de φ de a_2 + somme de φ de a_3 + ... + somme de φ de a_p.

isolés les uns des autres, séparés pour ainsi dire,
tandis que dans le plastide ces φ moléculaires s'ajoutent les uns aux autres de telle manière qu'il y a
un φ d'ensemble pour le plastide, il n'y en a pas pour
le grain de sable ou la goutte d'eau. Or nous devons
considérer qu'un φ moléculaire isolé est très faible [1].

La somme d'un très grand nombre de φ moléculaires s'additionnant donne au contraire un φ plastidaire qui n'est pas négligeable.

En résumé, l'état de cohésion spéciale, l'état visqueux [2], si j'ose m'exprimer ainsi, des plastides à
l'état de vie élémentaire manifestée, établit au point
de vue des épiphénomènes une différence, très sensible entre les substances plastiques et les substances
ordinaires de la chimie.

Il y a dans tout ce qui précède une grande part
d'hypothèses; mais ces hypothèses se trouveront dans
la suite corroborées par l'identité des épiphénomènes
complexes qu'elles permettront de prévoir, avec ceux
que nous fait connaître directement l'étude de nous-
mêmes. Ce sera une vérification *a posteriori*, aussi
valable que peut l'être une vérification dans l'histoire

(1) Nous serons contraints de nous en persuader quand nous
assisterons aux opérations inconscientes de l'organisme humain.

(2) Le mot visqueux est mauvais en ce sens qu'il s'ap-
plique généralement dans un sens purement physique et qu'il
doit s'appliquer ici à une particularité chimique de structure.

de ces épiphénomènes qui ne sont pas accessibles à l'observation directe.

.·.

J'ai laissé avec intention un peu de vague dans la détermination de la propriété atomique que je désigne par la lettre φ suivie du symbole de l'atome correspondant, de la propriété moléculaire ou plastidaire que je désigne par la même lettre suivie du nom de la molécule ou du plastide en question. J'ai seulement laissé entrevoir la différence qu'il faut établir entre la conscience et la sensation moléculaires (p. 85, l. 6).

Ce que j'ai représenté par la lettre φ est une *propriété* des corps ; la sensation est un épiphénomène qui est à cette propriété des corps ce que le phénomène chimique, la réaction, est aux propriétés chimiques objectives des mêmes substances. Le *phénomène* chimique est la manière dont se manifeste à nous une propriété déterminée ; l'épiphénomène ne se manifestant pas, il y a là une difficulté de langage que seule la comparaison précédente peut faire surmonter.

L'hydrogène a la propriété chimique de se combiner au chlore pour donner de l'acide chlorhydrique :

$$H + Cl = HCl$$

Nous le savons; nous pouvons le vérifier quand nous le voulons; mais cette propriété qui appartient à tout atome d'hydrogène ne *se manifeste pas* quand l'hydrogène est au repos chimique; c'est, si j'ose m'exprimer ainsi, une *propriété latente* comme toutes les propriétés chimiques.

Eh bien ! le φ moléculaire, propriété subjective de la molécule, doit être dans le même cas que les propriétés chimiques objectives du même corps; seulement, nous n'avons plus le droit de parler de la *manifestation* de cette propriété puisque c'est une propriété subjective, à moins que nous ne spécifiions que c'est une manifestation subjective limitée en tant que manifestation observable à la molécule même où elle siège ; et cela entre bien dans le cadre de l'hypothèse que nous nous sommes donnée comme point de départ.

C'est à cette manifestation subjective qu'il faut donner le nom de sensation moléculaire.

Il n'y a pas de sensation atomique, puisque l'atome est supposé immuable. L'hydrogène entre, sans se modifier, dans la structure de l'acide chlorhydrique ; on pourra l'en retirer quand on voudra.

Il n'en est pas de même pour une molécule complexe. Nous avons été amenés à admettre que le φ d'une molécule est la somme, convenablement faite, des φ de ses atomes constitutifs.

$$\varphi(HCl) = \varphi(H) + \varphi(Cl).$$

Lorsqu'une molécule se détruit dans une réaction, son φ se décompose en φ atomiques qui se groupent différemment ensuite pour former des φ moléculaires différents ou des φ atomiques isolés, suivant les cas. Il y a variation dans le φ, manifestation subjective de cette propriété, *sensation*.

Pour les corps ordinaires de la chimie, il n'y a donc sensation que lorsqu'il y a réaction, c'est-à-dire, en définitive *destruction* de la molécule en tant que composé défini. De même, au point de vue objectif, nous ne pouvons soumettre une molécule d'un corps à une réaction caractéristique de cette molécule, qu'en la détruisant chimiquement. Une molécule ne manifeste ses propriétés objectives qu'en les perdant définitivement, elle n'éprouve de *sensation* moléculaire qu'en se détruisant; il n'y a pas de sensation dans un corps au repos chimique; le φ est latent, même au point de vue subjectif.

Toutes ces considérations sur la conscience et la sensation moléculaires n'auraient donc aucune raison d'être et aucun intérêt s'il n'y avait pas une classe particulière de substances chimiques pour lesquelles réaction chimique n'est pas toujours synonyme de *destruction* en tant que composé défini; j'ai nommé les substances plastiques.

A la condition n° 1 en effet, c'est-à-dire à l'état de vie élémentaire manifestée, l'ensemble *a* des substances plastiques d'un plastide est l'objet de réactions dans lesquelles interviennent aussi des substances Q empruntées au milieu ambiant et dont le résultat définitif peut se présenter par l'équation [1] :

$$(\text{II}) \qquad a + Q = \lambda\, a + R$$

R représentant des substances chimiques non plastiques et λ un coefficient plus grand que l'unité. Il est bien entendu que, dans cette équation chimique, figurent seulement les molécules qui ont *effectivement* pris part à la réaction. Voilà donc un cas dans lequel une substance chimique a, non seulement n'est pas détruite en tant que composé défini par une réaction *dont elle est le siège*, mais encore est, par suite même de cette réaction, augmentée en quan-

---

(1) *Théorie nouvelle de la vie.* Chap. VIII.

Nous serons constamment forcés de parler, à propos des plastides, de la condition n° 1 et de la condition n° 2. Il faut donc répéter ici la définition de ces conditions qui a été établie dans la *Théorie nouvelle de la vie* :

« Un plastide peut se trouver dans trois conditions :

« Condition n° 1. *Vie élémentaire manifestée;* c'est-à-dire, activité chimique dans un milieu où sont réunis tous les éléments nécessaires à l'accomplissement des synthèses que résume l'équation (II).

« Condition n° 2. *Destruction;* c'est-à-dire activité chimique dans tout milieu autre que celui qui est nécessaire à la vie élémentaire manifestée. Cette *destruction* mène fatalement à la mort élémentaire si les conditions ne changent pas avant que l'une des substances essentielles du plastide soit complètement détruite; un mérozoïte sans noyau se trouve donc toujours dans la condition n° 2.

« Condition n° 3. *Vie latente;* c'est-à-dire indifférence chimique presque absolue ou destruction très lente; ce n'est qu'un cas particulier de la condition n° 2. »

96 LE DÉTERMINISME BIOLOGIQUE

lité ! Pour bien saisir ce que ce cas a de très spécial, il faut le comparer à celui d'une substance brute quelconque, et je n'hésite pas à faire longuement cette comparaison très importante, au risque de répéter souvent la même chose.

Prenons au hasard l'une de ces substances, le chlorure de sodium, par exemple ; je soumets cette substance à une action chimique quelconque, celle de l'acide sulfurique si vous voulez. La réaction qui se produit entre deux molécules de chlorure et une molécule d'acide sulfurique, peut se représenter par la formule :

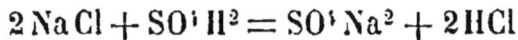

$$2\,NaCl + SO^4 H^2 = SO^4 Na^2 + 2\,HCl$$

Il n'existe plus, dans le second membre de cette équation chimique, les mêmes groupements atomiques, les mêmes molécules que dans le premier.

Cela est général pour une substance brute quelconque ; toute réaction chimique, quelle qu'elle soit, a pour effet de détruire cette substance brute en tant que composé défini, et peut se représenter par une équation de la forme :

$$\alpha + \beta + \gamma = \delta + \varepsilon + \zeta$$

δ, ε, ζ, étant des groupements moléculaires différents de α, β, γ, à condition, bien entendu, que l'on fasse figurer au premier membre uniquement les molécules qui ont effectivement pris part à la réaction.

Or, les atomes qui figurent au second membre, sont les mêmes et en même nombre que ceux qui figurent au premier; la somme des φ atomiques est donc la même dans les deux membres, mais les φ moléculaires qui résultent de leurs groupements sont différents dans les deux membres. Aucune des substances du second membre ne sera susceptible des réactions propres aux substances du premier, ni, par conséquent, des *sensations moléculaires* propres à ces substances.

La sensation d'une réaction entre des substances brutes est donc, si elle existe, c'est-à-dire dans l'hypothèse où nous nous sommes placés, absolument EXTEMPORANÉE et limitée au temps même de la réaction qui *détruit* les φ correspondants. Aussi, je le répète, cette considération des *sensations moléculaires* n'aurait aucun intérêt si les substances plastiques n'existaient pas.

Revenons, au contraire, aux substances plastiques *a* d'un plastide. L'équation de la vie élémentaire manifeste de ce plastide est, comme nous venons de le voir :

$$(II) \qquad a + Q = \lambda a + R$$

Nous devons étudier à deux points de vue les résultats de ce phénomène d'assimilation.

1° La conséquence de l'ensemble de réactions représenté par l'équation précédente aura été, con-

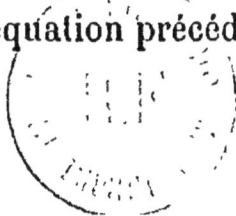

trairement à ce qui a lieu pour les substances brutes,
d'augmenter la quantité des molécules comprises dans
le terme *a*, *sans changer leur nature chimique*.
Autrement dit, il y a, dans le second membre de
l'équation, des substances *identiques* à certaines
substances du premier membre, capables, par conséquent, de donner lieu aux mêmes réactions chimiques et, en particulier, à celles qui sont représentées
par cette équation et qui constituent la vie élémentaire manifestée du plastide considéré. *Quand un
plastide réagit dans les conditions de la vie élémentaire manifestée, il devient, contrairement à ce
qui a lieu pour les substances brutes,* PLUS APTE (au
point de vue quantitatif) *à réagir de la même
manière, dans les mêmes conditions.* Or, le milieu
restant sensiblement le même, s'il est assez vaste par
rapport au plastide, la condition n° 1 reste réalisée
et les réactions représentées par l'équation II conti-
nuent de se produire sans interruption. *Contrairement aux autres réactions chimiques entre substances quelconques, la vie élémentaire manifestée
est continue et durable au lieu d'être extemporanée.*

Quelle sera la conséquence de cette particularité
au point de vue de la sensation moléculaire? Évidemment, cette conséquence va être que la sensation
moléculaire sera durable. Les molécules de substances plastiques résultant des réactions de la vie
élémentaire manifestée succèderont d'une manière

continue à des molécules identiques qui étaient entrées dans ces réactions, et ces molécules résultantes entreront immédiatement à leur tour dans de nouvelles réactions identiques aux précédentes, et ainsi de suite, tant que sera réalisée la condition nº 1.

L'équation II représente ce qui se passe dans les molécules de substances plastiques, *à un moment quelconque* de la vie élémentaire manifestée du plastide ; c'est dire qu'une telle molécule doit être considérée successivement, et *d'une manière continue*, comme faisant partie du premier membre de l'équation, puis du second, puis du premier et ainsi de suite ; les réactions continuant à se produire dans les mêmes conditions, la sensation moléculaire sera durable ; *il y aura sensation moléculaire sans qu'il y ait destruction de la molécule en tant que composé défini* ; ceci est une conséquence immédiate de la curieuse propriété d'assimilation.

Nous pouvons désormais parler de sensation, mot qui, jusqu'à présent, chez les corps bruts, n'avait guère de raison d'être. Etant donnée une molécule dont le φ est déterminé par la somme des φ des atomes qui la constituent (chaque atome est pris avec la place qu'il occupe dans l'édifice moléculaire), la sensation moléculaire d'une réaction est le résultat de la variation du φ moléculaire correspondant aux déplacements des atomes constitutifs de la molécule au cours de la réaction considérée. Dans le cas d'une substance brute, ces déplacements d'atomes détruisent la molécule en tant que composé défini ; la sensation moléculaire est extemporanée. Dans le cas des substances plastiques à la condition n° 1, ces déplacements d'atomes reconstruisent sans cesse les molécules qu'ils détruisent ; la sensation moléculaire est durable ; le φ redevient, à la fin d'une réaction élémentaire, ce qu'il était au début ; il ne varie, pour une molécule, que pendant la durée de la réaction élémentaire correspondante. Je représente par $d\varphi$ la sensation moléculaire ou variation du φ au cours d'une réaction élémentaire complète, c'est-à-dire de l'ensemble d'une décomposition et d'une recomposition successives à la condition n° 1.

Dans toute condition autre que la condition n° 1, c'est-à-dire autre que la condition de vie élémentaire manifestée, il n'y a plus assimilation ; les substances plastiques se comportent comme les autres substances de la chimie et se détruisent, la sensation moléculaire devient extemporanée. Il y a cependant encore alors quelque chose de particulier aux plastides et qui n'appartient pas aux corps bruts, c'est ce que nous allons constater en nous plaçant à un deuxième point de vue pour l'étude des épiphénomènes, comme nous l'avons annoncé plus haut.

2° Nous venons de considérer la sensation ou

variation du φ dans une molécule isolée [1]. Lorsqu'il est question de substances brutes ordinaires, il n'y a pas lieu de considérer autre chose puisque, nous avons dû l'admettre en commençant, les molécules d'un liquide comme l'eau, par exemple, sont assez peu dépendantes les unes des autres pour que la sommation des φ des deux molécules voisines n'ait pas lieu; il peut donc y avoir sensation moléculaire, il ne peut pas y avoir sensation d'ensemble pour un groupe de molécules voisines; la sensation moléculaire d'une substance brute est extemporanée et isolée.

C'est tout le contraire quand il s'agit d'un plastide.

Nous avons en effet été amenés à supposer qu'il y a, dans toute l'étendue d'un plastide, une telle *cohésion* entre les diverses molécules de substances plastiques, que la sommation des φ moléculaires s'y effectue, comme s'effectue dans une molécule la sommation des φ atomiques.

En représentant par l'équation (II) l'ensemble des réactions qui se sont produites du temps t_0 au temps t_1 dans le plastide à l'état de vie élémentaire manifestée, nous voyons que l'ensemble a des substances plastiques au temps t_0 est devenu λa au temps t_1. Au

_____

(1) Pour un plastide entier, de même que nous avons été obligés d'admettre (p. 90), que :

$$\varphi(\text{A}) = \Sigma \varphi(a_1) + \Sigma \varphi(a_2) + \Sigma \varphi(a_3) + \ldots + \Sigma \varphi(a_p),$$

nous serons de même contraints de croire que :

$$d\varphi(\text{A}) = \Sigma d\varphi(a_1) + \ldots + \Sigma d\varphi(a_p), \text{ et que d'autre part (p. 90)} :$$

$$d\varphi(a_n) = l d\varphi(\text{Az}) + \ldots + r d\varphi(\text{C}) + \ldots$$

6.

point de vue des épiphénomènes, nous partons donc
ds φ (a) au commencement de la réaction pour
arriver à φ (λa) à la fin de l'observation qui a duré
le temps (t₁ — t₀) ; mais λa ne diffère de a que quantitativement ; les substances plastiques du plastide
sont les mêmes avant et après la réaction, le nombre
seul de leurs molécules a augmenté, *leurs propriétés
sont restées les mêmes.* φ (λa) conscience du plastide
au temps t₁ ne différera donc que quantitativement
de φ (a) conscience du plastide au temps t₀.

D'autre part cet ensemble de réactions, dont nous
avons considéré le résultat au bout d'un intervalle
assez long (t₁ — t₀), pour établir notre équation de
la vie élémentaire manifestée, a lieu *d'une manière
continue* tant que les conditions de milieu restent
les mêmes[1]. A quelque moment que l'on suppose
arrêtée l'activité chimique du plastide, ses propriétés
sont les mêmes, sa constitution est la même, au
nombre près des molécules des diverses substances
plastiques ; il y a continuité dans le φ du plastide, avec
une variation quantitative qui se fait insensiblement.
C'est cette continuité qui peut être considérée comme
l'épiphénomène de *mémoire élémentaire* consciente,
le phénomène de « mémoire élémentaire[2] » n'étant
autre chose que l'assimilation.

(1) Condition n° 1. Voir *Théorie nouvelle de la vie.* Chap. ix.
(2) J'emploie intentionnellement l'expression *mémoire élémentaire* correspondant à *vie élémentaire* pour la distinguer

Et la constance de composition du plastide à l'état de vie élémentaire manifestée est le résultat, non pas d'une inactivité chimique absolue, comme cela serait nécessaire pour une substance brute de composition constante, mais bien d'une activité chimique ininterrompue entretenant l'*équilibre mobile* que M. Van Tieghem donne comme caractéristique des protoplasmas.

Il y a donc constamment « sensation » par suite des déplacements d'atomes qui constituent les molécules de substances plastiques ; on peut appeler cette sensation la *sensation de vie élémentaire manifestée ;* c'est l'épiphénomène concomitant des réactions chimiques qui se produisent sans cesse dans le plastide et qui, par suite de l'assimilation qui en résulte, peuvent continuer à se produire indéfiniment dans un milieu convenable.

Si le milieu est homogène et reste homogène, cette sensation reste toujours la même ; mais il est à peu près impossible que cela se réalise d'une manière absolue dans la nature ; il faudrait, en effet, un milieu infini.

Si le milieu est confiné, la diminution des substances Q et l'accumulation des substances R produisent des modifications dont le résultat est de

---

de *mémoire* correspondant à *vie* et n'existant que chez les êtres polyplastidaires munis d'un système nerveux. Nous verrons, en effet, que la mémoire doit être considérée comme le résultat d'une variation des rapports de contiguïté de deux ou plusieurs éléments anatomiques voisins (neurones) ; elle ne peut donc exister dans un plastide isolé.

transformer bientôt en condition n° 2 la condition
n° 1 primitivement réalisée. Or, à la condition n° 2,
les substances plastiques se détruisent petit à petit,
quelquefois même tout d'un coup. Supposons que
nous nous placions dans le premier cas d'une destruction relativement lente. Nous *savons* que dans ce
cas le plastide reste un plastide pendant un certain
temps, puisque *si on le transporte dans un milieu
convenable*, *il donne lieu de nouveau aux réactions élémentaires de la vie manifestée*, et cela, tant
que n'est pas survenue la mort élémentaire, c'est-à-
dire la destruction *complète* d'une au moins des
substances essentielles du plastide.

Mais alors, pendant toute cette période de destruction
lente qui précède la mort élémentaire, le plastide
étant toujours un plastide, ses molécules plastiques
sont toujours, dans l'hypothèse où nous avons dû
nous placer, unies entre elles d'une manière spéciale
qui permet la sommation des sensations moléculaires. Il y a donc aussi, par suite de cette cohésion
particulière, continuité dans le φ d'un plastide dé-
croissant à la condition n° 2 ; la sensation plastidaire
n'est pas extemporanée comme une sensation moléculaire de substance brute ; la mémoire élémentaire
subsiste [1] à la condition n° 2.

(1) Il faut même constater que, dans l'hypothèse où nous
nous sommes placés, la mémoire élémentaire, telle que nous
l'avons définie, peut se conserver quelque temps après la

Seulement, il faut bien le remarquer, tandis que la condition n° 1 est une condition définie dans laquelle ont lieu des réactions toujours identiques et accompagnées, par conséquent, de sensations toujours identiques, la condition n° 2 comprend une infinité de cas d'activité chimique, — tous ceux qui ne sont pas la condition n° 1. La sensation qui accompagne les réactions à la condition n° 2, doit donc être essentiellement variable avec les cas ; elle doit être surtout variable en intensité puisque, suivant les cas, la condition n° 2 peut déterminer une destruction subite de tout le plastide ou une destruction très lente de ses substances.

En réalité, l'homogénéité d'un milieu ne doit être que très rarement absolue, de sorte que, même si la condition n° 1 est réalisée par la présence dans un milieu de *tout* ce qui est nécessaire à la vie élémentaire manifestée d'une espèce, la distribution hétérogène des substances Q, des radiations, etc., (chimiotropisme, phototropisme, etc.) peut modifier la distribution des réactions partielles dans l'étendue.

mort élémentaire. En effet, pour que la mort élémentaire soit réalisée, il suffit qu'*une* des substances plastiques essentielles ait complètement disparu ; un morceau de protoplasma de gromie, séparé de la masse nucléée de l'animal est, par définition, atteint de mort élémentaire ; or, tant que l'action destructive de la condition n° 2 n'a pas achevé son œuvre, ce morceau de protoplasma se compose de substances plastiques à molécules cohérentes et, par conséquent, ayant un φ total et une sensation totale.

du plastide et, par conséquent, la sensation correspondante.

Supposons, par exemple, que nous ayons affaire à
une espèce phototropique, c'est-à-dire en définitive,
à une espèce plastidaire dont les réactions sont susceptibles d'être modifiées sous l'influence de certaines radiations lumineuses, et soumettons le
plastide à l'une de ces radiations. Par rapport à ce
qui se passait dans le plastide en l'absence de
lumière, il y aura modification dans les réactions du
plastide, et cette modification sera *liée à la direction
de la lumière incidente*[1].

En effet, sur le trajet d'un rayon traversant le
plastide, l'intensité lumineuse diminuera du point
d'entrée au point de sortie, par suite même de l'ab-
sorption corrélative des phénomènes photochimi-
ques ; en chaque point de ce rayon, l'influence
photochimique sera donc variable. Dans l'explication
des phénomènes du mouvement, il suffisait de tenir
compte de l'influence photochimique au point d'entrée et au point de sortie du rayon, pour prévoir
qu'il y aurait attraction ou répulsion suivant une
direction intimement liée à celle de la radiation considérée[2]. Pour les épiphénomènes sensationnels il
n'en est plus de même. Il ne faut négliger aucune
des réactions moléculaires qui se produisent sur tout

(1) *Théorie nouvelle de la vie.* Chap. II.
(2) *Théorie nouvelle de la vie*, p. 36.

le trajet du rayon lumineux, depuis son entrée jusqu'à sa sortie du plastide ; l'étude de l'influence lumineuse n'est guère plus compliquée pour cela. Sur le trajet d'un rayon lumineux *quelconque* l'intensité de l'influence photochimique décroîtra régulièrement du point d'entrée au point de sortie ; donc, si nous avons affaire par exemple à un faisceau de rayons parallèles, on pourra diviser le plastide en tranches d'égale influence photochimique, et ces tranches seront déterminées *par la direction* de la radiation incidente. La distribution des sensations moléculaires sera, par suite, en rapport avec cette direction, et par conséquent la sensation totale le sera aussi. Ce sera la notion de la direction du rayon lumineux.

Bien plus, il est possible que la radiation considérée modifie, non seulement d'une manière quantitative, mais encore d'une manière *qualitative*, les réactions intraplastidaires, c'est-à-dire que cette radiation détermine des réactions qui en son absence *n'ont jamais lieu;* la sensation correspondante pourra être absolument spéciale à l'influence de cet agent physique; ce sera la *sensation lumineuse.*

On pourrait répéter le même raisonnement au sujet de tout agent physique ou chimique capable d'influencer les réactions de la vie élémentaire manifestée, chaleur, électricité, pression, pesanteur (sensa-

tions correspondantes), substances chimiques attrac-
tives ou répulsives (goût?) etc., etc...

Tout ceci est, je le rappelle, absolument hypothétique; nous ne saurons probablement jamais si telle
ou telle bactérie attirée par la lumière bleue a la
sensation de lumière bleue ; cela n'a d'ailleurs aucune importance au point de vue des *phénomènes*
de la vie. Toutes ces considérations n'ont pour but
que de nous amener à concevoir, par approxima-
tions successives, le parallélisme de la psychologie
et de la physiologie chez des êtres de plus en plus
compliqués.

En dehors des influences spéciales que nous
venons de passer en revue et des sensations spéciales
qui y correspondent, la sensation générale de la vie
élémentaire manifestée, constante dans un milieu
homogène, a en elle-même un grand intérêt; c'est
elle qui constitue l'idée du temps[1]?...

(1) Il est impossible de définir le temps; chez nous, hommes, dont les éléments constitutifs sont toujours à l'état d'activité chimique, la notion du temps est la plus primitive
(indépendamment de sa mesure précise, naturellement),
puisqu'elle se confond avec la notion même d'activité chimique. Il nous est impossible de nous exprimer sans avoir
recours, à cette notion, quelle que soit la simplicité du phénomène que nous voulions décrire.
Toujours dans l'hypothèse où nous nous sommes placés,
nous pouvons affirmer que la notion de temps provient de
l'activité chimique et qu'elle n'existe pas chez un corps au
repos, chez un spore à l'état de vie latente par exemple puisqu'il n'y a pas sensation sans réaction. Mais nous ne pouvons
pas, pour cela, définir le temps, puisque son idée est incluse

Avant de passer aux êtres polyplastidaires, je dois m'expliquer sur une contradiction apparente qu'on pourra relever dans les pages précédentes. J'ai reproché ailleurs (*Théorie de la vie*, introduction) à Hæckel d'avoir accordé la mémoire aux plastides constituant le protoplasma, et j'ai moi-même considéré tout à l'heure l'assimilation comme le phénomène de *mémoire élémentaire*, la continuité des sensations dans les plastides comme l'épiphénomène de « mémoire élémentaire ». Il faut que je montre d'une manière précise en quoi ce que j'ai été amené à dire diffère de l'hypothèse de Hæckel. Pour cela je dois résumer en quelques lignes la théorie de cet illustre naturaliste et, pour ne pas être accusé d'avoir dénaturé ses idées en les résumant, j'emprunte ce qui suit au livre de M. Delage sur l'Hérédité (p. 459) :

Théorie de Hæckel. — « Les Plastidules sont de « simples molécules chimiques très complexes, mais « non des agrégats d'ordre supérieur. Elles ne sont

dans la définition même du repos et de l'activité chimiques. « La nature, dit Pascal, a donné à tous les hommes les mêmes idées primitives sur les choses primitives. » Cela ne revient-il pas à dire que la sensation de temps est l'épiphénomène concomitant à la réaction la plus générale des substances plastiques à l'état de vie élémentaire manifestée ? La notion de temps ne peut exister sans une continuité de sensation qui, nous l'avons vu, doit être spéciale aux substances plastiques et manquer aux corps bruts.

« décomposables qu'en atomes ; elles ne peuvent se
« diviser sans se détruire, ce qui leur enlève la pos-
« sibilité de se reproduire par elles-mêmes par voie de
« division. Leur mutiplication se fait par la produc-
« tion incessante de nouvelles plastidules aux dépens
« du liquide nutritif, mais le résultat est le même que
« si elles se multipliaient par division, car les nou-
« velles prennent sous l'influence des anciennes, au
« moment même de leur formation, la constitution
« chimique et le mode de mouvement de celles-ci, à
« la manière des molécules d'une solution sursatu-
« rée [1] qui se solidifient au contact d'un cristal
« déposé dans la solution.

« Les Plastidules sont si petites que les plus fines
« particules visibles au microscope en contiennent un
« nombre immense. Elles sont les éléments consti-
« tutifs de la matière vivante.

« Les Plastidules sont entourées d'une ou de plu-
« sieurs couches d'eau et, selon l'abondance de ces
« couches, le protoplasma est plus ou moins fluide.

« Les Plastidules sont vivantes, tandis que les autres
« molécules chimiques ne le sont pas. Mais, pour se
« rendre un compte exact de la différence sous ce
« rapport entre les unes et les autres, il faut distin-
« guer la vie au sens large et la vie au sens étroit.

« Dans le premier sens, la vie est universelle ; *on*

(1) Je me permets de corriger ici une faute d'impression du
livre de M. Delage.

« *ne pourrait en concevoir l'existence dans certains*
« *agrégats matériels si elle n'appartenait pas à*
« *leurs éléments constitutifs* [1]. Dans ce sens, les
« atomes eux-mêmes sont vivants et, à ce titre, ils
« jouissent de toutes les propriétés fondamentales
« de la vie : ils sont sensibles au plaisir [2] et à la
« douleur, ils éprouvent des attractions et des répul-
« sions, *ils ont une volonté*. L'affinité chimique ne
« peut se concevoir que comme l'effet de la volonté
« des atomes qui se réunissent suivant leurs impul-
« sions motivées par des sensations. Mais, en raison
« de leur simplicité, les atomes ont une volonté fixe,
« leurs sensations et leurs impulsions ont une cons-
« tance invariable dans des conditions identiques; ils
« ne peuvent pas ne pas vouloir une fois ce qu'ils ont
« voulu d'autres fois dans des conditions semblables.

(1) Je me suis longuement étendu ailleurs (*Théorie nouvelle de la vie*) sur l'abus que l'on fait du mot vie. Il est peu d'exemples de cet abus aussi manifestes que celui-ci. J'ai essayé de montrer que la vie élémentaire (c'est uniquement cette propriété que Hæckel peut attribuer à ses plastidules) est une propriété chimique définie et appartient à des plastides dont les éléments constitutifs sont dépourvus de cette propriété (comme l'aquosité (Huxley) appartient à l'eau sans appartenir à l'hydrogène et à l'oxygène).
Le raisonnement de Hæckel ne peut s'appliquer que pour des propriétés *essentiellement* différentes, comme celles d'être pourvu ou dépourvu de conscience et, à ce point de vue, ce qu'il dit est très vraisemblable. (Voir plus haut, p. 83.)

(2) Ceci est contraire à la notion de l'immutabilité des atomes (v. p. 83). Il ne peut y avoir de sensation atomique ; il n'y a que des sensations moléculaires.

« Au sens étroit, la vie est la reproduction, et la
« reproduction n'est autre chose que la mémoire.
« Elle est inconsciente dans les Plastides[1], mais elle
« existe, tandis que les molécules chimiques plus
« simples sont, comme les atomes, privées de mé-
« moire, et, *par suite*, de la faculté de se reproduire :
« dans ce sens elles ne sont pas vivantes.

« Les Plastidules, au contraire, sont vivantes parce
« qu'elles ont la faculté de provoquer la naissance de
« particules semblables à elles-mêmes. Ce sont les
« seuls agrégats chimiques doués de mémoire.

« Cette mémoire est, dans les Plastidules, une pro-
« priété purement mécanique résultant du mode de
« mouvement de leurs atomes constituants. Elle se
« transmet comme ce mouvement et par lui.

« Avec ces données, il est facile de se représenter
« le processus biogénétique général et d'en com-
« prendre toutes les manifestations d'une manière
« purement mécanique, sans faire intervenir d'autres
« forces que celles inhérentes aux Plastidules et celles
« qui, venues du dehors, s'unissent à elles et les
« modifient. »

Il y a dans toute cette théorie une regrettable
confusion entre les phénomènes et les épiphénomènes. La vie élémentaire peut se définir d'une manière
purement objective, par la simple considération des

----

(1) Pourquoi ? Comment peut-on le savoir ?

phénomènes que l'on constate chez les plastides.

Ce que dit Hæckel à propos des atomes, donne justement un exemple de cette confusion. La chimie nous apprend les propriétés objectives des corps simples ou composés et nous définit ces corps de telle manière que nous puissions les reconnaître partout et toujours par la manifestation de ces propriétés. Il est non seulement impossible, mais même contraire au bon sens, de vouloir essayer de définir le soufre ou le phosphore par des propriétés subjectives qui ne peuvent se manifester à nous. Quelles que soient d'ailleurs ces propriétés subjectives, la chimie nous apprend qu'elles *ne peuvent intervenir en rien* pour modifier les phénomènes dont sont le siège les corps auxquels on les attribue, puisque les propriétés objectives des corps de la chimie sont fixes et immuables (déterminisme chimique).

Il en est de même pour les plastides; ce sont des corps chimiquement définis, que nous reconnaissons à la manifestation de leurs propriétés chimiques objectives; ces propriétés sont fixes, et les phénomènes par lesquels elles se manifestent sont déterminés.

Lorsque l'observation nous fait supposer qu'il y a, dans toute substance, d'autres propriétés que celles dont les phénomènes sont la manifestation, la propriété de conscience par exemple, cette hypothèse ne doit pas nous faire oublier le déterminisme rigoureux des phénomènes biologiques, Il faut donc, lorsque l'on bâtit une théorie des épiphénomènes de conscience, se garder de faire intervenir *active-ment* ces épiphénomènes dans les phénomènes qu'ils accompagnent, de croire par exemple à une volonté capable de diriger les manifestations objectives.

L'expression « volonté fixe » cache un jeu de mots. Les atomes ont des propriétés fixes et sont soumis au déterminisme chimique; ils sont incapables de se soustraire à la loi d'inertie; le mot volonté créé par l'homme pour exprimer l'idée erronée qu'il est capable de se soustraire à cette loi générale, est donc de tout point inapplicable aux atomes.

Il en est de même pour la mémoire; sans l'exprimer d'une manière absolument précise, Hæckel donne aux plastides la faculté de *savoir* produire des plastidules semblables[1]; il y voit non seulement une intervention active et créatrice, mais encore, indépendamment même de cette dérogation au principe de l'inertie, quelque chose de comparable à la mémoire de l'homme, comme complexité. Il y a là, à mon avis, une erreur anthropomorphique considérable.

Je ne m'arrête pas à cette affirmation que les plastidules isolées sont susceptibles de reproduction

---

(1) Les molécules chimiques plus simples sont, comme les atomes, privées de mémoire, et *par suite*, de la faculté de se reproduire. Voyez plus haut, p. 112.

(assimilation). Les expériences de mérotomie ont prouvé qu'une petite partie séparée d'un plastide n'est pas douée de vie élémentaire [1].

« La reproduction, dit Hæckel, n'est autre chose que la mémoire [2]. » La mémoire de l'homme et des animaux supérieurs est quelque chose de très compliqué sous une apparence simple, et dans cette mémoire il y a à distinguer le phénomène et l'épiphénomène concomitants ; l'un et l'autre dépendent de la juxtaposition, dans des conditions déterminées, d'un très grand nombre d'éléments anatomiques et de la loi d'assimilation fonctionnelle qui régit l'activité de l'ensemble de ces éléments [3]. Seulement cette propriété de mémoire ne pourrait exister : 1° au point de vue phénomène, sans la propriété d'assimilation dont sont doués tous les plastides (vie élémentaire) ; 2° au point de vue épiphénomène sans la continuité particulière de substance qui existe dans ces plastides et qui fait que la sommation des φ moléculaires a lieu, pour un plastide, dans le temps et

(1) *Théorie nouvelle de la vie*, chap. VII.

(2) Je fais remarquer ici que Hæckel admet, somme toute, deux propriétés différentes, la conscience chez tous les corps et la mémoire (?) chez les plastidules. Dans les pages précédentes j'ai fait seulement l'hypothèse de la conscience atomique et j'en ai déduit l'existence de la *mémoire élémentaire* chez les plastides, comme conséquence de la construction chimique même des substances plastiques au moyen d'atomes conscients et de la propriété d'assimilation.

(3) Voir plus bas, p. 139.

dans l'espace [1]. C'est à cette continuité que j'ai donné
le nom d'épiphénomène de la « mémoire élémentaire » ; mais la mémoire élémentaire, ainsi définie et accompagnant la vie élémentaire, quoique
nécessaire pour que la mémoire existe, n'a aucun
des attributs de la *mémoire* qui accompagne la vie ;
la mémoire résulte, je le répète, de la juxtaposition,
de l'agencement particuliers d'un très grand nombre
de neurones doués, comme tous les plastides, de
« mémoire élémentaire ». Je vais essayer de le
prouver dans le chapitre suivant.

(1) Voir plus haut, p. 98.

CHAPITRE VI

ÉPIPHÉNOMÈNES CHEZ LES ÊTRES POLYPLASTIDAIRES

Nous avons vu que la sommation des sensations moléculaires, l'existence d'un épiphénomène somme, chez un plastide devait être considérée comme la conséquence de la continuité de sa masse plastique et de la cohésion spéciale de ses molécules constitutives. Cette sommation d'épiphénomènes aura-t-elle lieu dans l'ensemble d'un être polyplastidaire? C'est ce qu'il faut étudier avec soin maintenant.

Considérons d'abord un végétal pluricellulaire :

Deux plastides voisins dans ce végétal sont séparés par une paroi plus ou moins épaisse constituée, en majeure partie au moins, par une accumulation des substances R qui proviennent de la vie élémentaire manifestée des deux plastides considérés.

Quelques auteurs ont cru voir des isthmes de substance plastique traversant le mur mitoyen des deux plastides. Qu'il y ait, dans ce mur mitoyen, des parties plus liquides, séparant les petites masses de cellulose, l'observation peut le faire découvrir; mais que ces parties plus liquides, ou au moins d'une réfringence et de propriétés chimiques différentes, soient des substances plastiques, c'est ce que la simple observation histologique ne peut pas nous apprendre. Une expérience de mérotomie très simple amène au contraire immédiatement à la conclusion contraire.

Nous savons, en effet, que la continuité de la substance des plastides est nécessaire à l'assimilation[1]. Toute partie protoplasmique, séparée par mérotomie de la masse qui contient le noyau, se trouve à la condition n° 2, même si elle est très voisine du reste du plastide qui est dans la condition n° 1 ; pour que l'assimilation soit possible, il faut qu'il existe en continuité, sans interruption un morceau de protoplasma et un morceau de noyau. Eh bien ! la couche de substance qui soude chez un végétal deux plastides voisins constitue une interruption dans la masse de substance plastique de ces deux plastides.

Faisons, en effet, une expérience de mérotomie analogue à celle que représente la figure 5 ; coupons par le plan dont la trace est αβ, l'être biplastidaire AB. La partie αβγ du plastide B restera adhérente au plastide A. Or, si la substance qui réunit les deux plastides A et B était une substance plastique, ou était au moins

---

(1) Nous pouvons même conclure de tous les cas où l'observation est possible, que cette continuité est, dans des conditions convenables de milieu (condition n° 1), *suffisante* pour que l'assimilation se produise.

traversée par des isthmes de substance plastique, le
morceau de protoplasma αβγ, qui a perdu, par suite
de la mérotomie, ses connexions
nucléaires avec B, serait en connexion nucléaire avec A, en continuité avec le protoplasma de A
et resterait dans la condition n° 1,
comme cela arrive pour un morceau de protoplasma emprunté à
une gromie quelconque et soudé
par addition au corps d'une

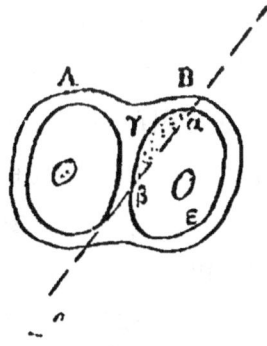

Fig. 5.

gromie nucléée. Or, cela n'a pas lieu ; αβγ, privé de
connexion avec le noyau de B, se trouve dans la
condition n° 2 et se détruit [1].

Il y a donc contiguïté, mais non continuité protoplasmique entre deux plastides voisins d'un même
végétal polyplastidaire.

L'hypothèse que nous avons admise précédemment ne nous autorise pas, par conséquent, à croire
qu'une sommation des φ plastidaires et, par suite, des
sensations plastidaires puisse se faire dans l'ensemble
d'un végétal. Nous ne saurons probablement jamais
si cette sommation a lieu, mais nous n'avons aucune
raison de le croire ; il n'y a pas lieu d'étudier, chez
les végétaux, d'épiphénomènes d'ensemble.

Pour beaucoup de métazoaires inférieurs, il en est

_____

(1) *Théorie nouvelle de la vie*, p. 208.

probablement de même, et il est probable que chez
une éponge par exemple il y a des milliers de « *vies
élémentaires psychiques* » isolées les unes des autres
et pas de « *vie psychique d'ensemble* ».

Chez les cœlentérés, nous constatons déjà l'existence d'éléments anatomiques, reliés par des prolongements continus de substances plastiques, et tels,
par conséquent, que la sommation des φ et des sensations puisse se faire dans leur ensemble. Dans ce
cas se trouvent les éléments neuro-épithéliaux de
certaines méduses [1] ; mais chez ces êtres la sommation des épiphénomènes est encore limitée à des
groupes isolés d'éléments anatomiques reliés entre
eux.

Arrivons tout de suite aux animaux pourvus d'un
système nerveux bien développé et enfin à l'homme.

L'homme est une agglomération de milliards de
plastides. Les φ de ces plastides s'additionnent-ils
directement ? Évidemment non ; si nous faisons pour
un instant abstraction de l'existence du système nerveux, nous voyons tous les plastides de l'homme,
complètement entourés par des membranes de
substance non plastique, inerte, et séparés ainsi de
leurs voisins. Nous devons admettre que ces membranes de substances non plastiques empêchent la
sommation des φ de deux plastides contigus. Il y a

_____

(1) *Théorie nouvelle de la vie*, chap. xviii.

ainsi, dans notre corps, des milliards de φ élémentaires, les φ des plastides, qui ne s'ajoutent pas les uns aux autres et qui, par suite, *sont inappréciables.* Nous ne remarquons pas les grains de poussière impalpable qui chargent l'atmosphère d'une ville ; que cette poussière se rassemble en un seul amas, et cet amas pourra être fort considérable. Eh bien, ce rassemblement en un seul amas, cette sommation des φ élémentaires qui n'a pas lieu en général directement pour deux plastides voisins de notre corps (éléments musculaires, éléments glandulaires), nous sommes obligés d'admettre que, par suite d'une disposition spéciale, elle a lieu pour les éléments de notre système nerveux.

Elle a d'abord lieu dans l'étendue de ce que j'ai appelé ailleurs[1] un plastide complet, c'est-à-dire l'ensemble de deux éléments anatomiques, l'un nerveux, l'autre périphérique, dont les connexions réciproques sont si étroites, que l'un deux ne peut, s'il est séparé de l'autre, se trouver à la condition n° 1, quel que soit le milieu dans lequel il baigne.

Je considère, par exemple, un élément nerveux faisant partie des centres moteurs de la moelle épinière ; les ramuscules de son cylindre-axe sont en continuité intime avec la substance d'une ou plusieurs fibres musculaires. Ces ramuscules pénètrent

----

(1) *Théorie nouvelle de la vie*, ch. XVIII.

en effet dans le protoplasma même de ces fibres
musculaires ; il y a continuité absolue entre le nerf
et le muscle, quoique les derniers prolongements du
cylindre-axe puissent encore être distingués par des
procédés spéciaux, dans l'intérieur de la fibre musculaire. Cette continuité est due à ce que la gaine
conjonctive du filet nerveux, sa gaine de substances
isolantes R, se sépare de lui à son entrée dans la
fibre musculaire pour s'unir étroitement à la gaine
conjonctive de cette fibre, de sorte que les substances
plastiques du cylindre axe pénètrent nues dans celles
de la fibre musculaire et contractent avec elles des
connexions étroites. L'association de deux éléments
histologiques ainsi obtenue est tout à fait comparable,
au point de vue de la continuité de substance, avec
l'élément épithélio-musculaire binucléé des cœlentérés, dont nous avons parlé plus haut.

Il faut donc admettre que la sommation des φ et
des variations dφ ou sensations s'effectue dans l'ensemble d'une telle association, puisqu'il y a continuité dans l'ensemble de ses substances plastiques.
Il n'y a là aucune difficulté nouvelle.

C'est dans le passage de neurone à neurone voisin
que se présente la nécessité d'une nouvelle hypothèse
ou du moins, d'une extension de notre hypothèse primitive. La conductibilité est tellement développée
dans le système nerveux que l'on a longtemps considéré son ensemble comme formant un tout *continu ;*

une étude histologique incomplète et la considération physiologique des réflexes avaient accrédité
cette manière de voir ; mais les progrès récents de
l'histologie ont montré que cette conception était
erronée ; il y a en réalité *contiguïté* des neurones, il
n'y a pas *continuité* de leur substance [1].

Seulement, cette contiguïté est tellement étroite
en certains points entre deux neurones voisins que
des phénomènes d'influence, d'induction ont lieu en
ces points de moindre résistance, de telle manière
que l'activité chimique de l'un des neurones entraîne
celle du neurone contigu ; le chemin des réflexes
dans l'ensemble du système nerveux est déterminé
par la distribution de ces points de moindre résistance ; or, nous l'avons vu, quand un chemin a été une
fois parcouru, le résultat même de cette opération a
été de rendre le chemin plus facile à parcourir, en
vertu de la loi d'assimilation fonctionnelle qui a créé
des parties nouvelles, diminué les résistances, etc.

Eh bien, puisque la contiguïté de deux neurones
voisins est assez étroite pour permettre, de neurone
à neurone, des phénomènes d'influence qui ne se
produisent pas de cellule à cellule pour les éléments
histologiques d'une autre espèce, nous pouvons
admettre que cette contiguïté est également suffisante pour autoriser de neurone à neurone la som-

---

(1) *Théorie nouvelle de la vie*, chap. xv.

mation des φ qui n'a pas lieu en général de plastide
à plastide; nous sommes d'ailleurs forcés de l'admettre par suite de l'observation que nous faisons,
en nous-même, à l'état normal, de l'unité du moi.

Il y aura donc un Φ total de notre individu qui
sera la somme de tous les φ des neurones A, cette
somme étant effectuée (comme cela avait lieu par
hypothèse pour celle des molécules au moyen des φ
atomiques, et pour celle des plastides au moyen
des φ moléculaires) en tenant compte de la place et
des rapports de chacun des neurones, de sorte que
notre Φ total, notre conscience somme, notre *moi*
sera déterminé par le nombre, la nature, la disposition, les connexions réciproques de tous les éléments de notre système nerveux.

$$\Phi = \Sigma\varphi(A)$$

Cette somme Φ ne sera pas invariable; elle se modifiera d'une manière lente et CONTINUE avec les
changements incessants que produira dans notre
organisme l'assimilation fonctionnelle accompagnant
toutes les opérations que nous exécutons; c'est ce
qui constituera la variation de notre personnalité;
mais, par suite de la loi d'assimilation et de la cohésion particulière des substances plastiques, il y aura
continuité[1] dans le temps entre ces diverses person-

(1) Comme nous l'avons vu plus haut pour les plastides,
p. 98.

nalités successives ; c'est pour cela que le *moi* psychologique accompagne l'individu [1] physiologique depuis sa naissance jusqu'à sa mort, à travers ses modifications incessantes.

.•.

J'ai représenté, dès le début, par la lettre φ, une *propriété* des corps et non un épiphénomène [2]. Il est facile de faire la distinction entre propriété et épiphénomène résultant de cette propriété, lorsqu'on s'occupe de corps susceptibles de repos chimique absolu comme les substances brutes ordinaires ; mais il n'en est plus de même chez un animal supérieur comme l'homme où le repos chimique n'existe jamais ; c'est donc un simple artifice d'exposition, destiné à rendre plus claire la conception du moi total, que cette séparation de φ et de dφ.

En réalité, pour concevoir le

$$\Phi = \Sigma \varphi (A)$$

il faut supposer que l'on prend l'ensemble des éléments nerveux de notre corps à un moment *précis*, c'est-à-dire, en supposant pour un instant suspendues, ce qui n'a jamais lieu, toutes les réactions chimiques

(1) Sauf dans certains cas spéciaux que nous étudierons ultérieurement, sommeil, etc.
(2) Manifestation subjective de cette propriété.

qui se passent à notre intérieur. Tant que cette sus-
pension hypothétique durera, le Φ restera constant
et il n'y aura pas de sensation; la considération de
cette quantité Φ n'a donc d'intérêt que pour la définition *extemporanée* du moi.

Si l'on pouvait réaliser *complètement*, par un procédé quelconque, plus absolu que celui des fakirs, le
repos chimique de notre organisme à un moment
donné, le Φ se conserverait identique et sans sensation[1], c'est-à-dire que l'existence psychologique inter-
rompue pendant quelque temps reprendrait exactement au point où elle avait été suspendue, quand
l'activité chimique recommencerait.

Cela est irréalisable. Si au temps t, notre moi est Φ
au temps très voisin $t + dt$, il est $\Phi + d\Phi$ et c'est
cette variation[2] $d\Phi$ qui représente la sensation dont
notre organisme a été le siège pendant l'intervalle
très court dt,

$$d\Phi = d\Sigma\varphi(A) = \Sigma d\varphi(A)$$

(1) Il ne faut pas confondre ce cas hypothétique avec celui
de l'absence de notion du temps dans les cas de condition
seconde cités par Binet. (*Altérations de la personnalité*,
pp. 24-25, 26-27.) Dans ces derniers cas il y a seulement discontinuité dans la personnalité (v. p. 118).

(2) J'ai exposé plus haut, pour un cas plus élémentaire,
que la sensation $d\varphi$ doit provenir des déplacements que subis-
sent les atomes constitutifs d'un corps dans lequel la sommation des φ est possible, pour passer de l'état où se trouve ce
corps au temps t à celui où il se trouve au temps $t + dt$. Ce
qu'il y a de particulier, *à cause de la loi d'assimilation*, c'est

L'ensemble des réactions qui se sont produites en nous pendant le temps très court dt, est ce que nous appelons : « *ce que nous avons fait pendant ce temps très court* ».

Lorsque cet ensemble de réactions se traduit par un acte extérieur, nous parlons de fonctionnement de nos membres; lorsqu'il ne se traduit pas extérieurement, c'est une *opération mentale* dont nous sommes seuls témoins par suite de l'existence de l'épiphénomène correspondant ou sensation. C'est dans ce dernier cas surtout que l'étude de cette sensation est importante puisqu'elle nous renseigne sur un phénomène dont l'étude objective est impossible dans l'état actuel de la science.

Ce renseignement est, il faut l'avouer, extrêmement vague; ce que nous ressentons c'est $d\phi$, somme d'un nombre infiniment grand de parties dont chacune a sa signification propre; cela vaut mieux que rien, mais il est difficile de s'y débrouiller.

Il est facile de se rendre compte de l'immensité du nombre des réflexes possibles dans un homme et, par conséquent, du nombre infini de sensations que nous devons éprouver, si l'on songe à la prodigieuse complexité du système nerveux ; mais nous devons penser que chaque réflexe, quelle que soit sa complexité,

que des déplacements relativement grands de nos atomes, c'est-à-dire des sensations assez violentes, modifient relativement peu notre ϕ total.

est accompagné d'un $d\Phi$ *qui lui est propre* ; c'est ce qui constitue le parallélisme de la psychologie et de la physiologie.

Dans le langage psychologique nous parlons des sensations que nous éprouvons, c'est-à-dire, en réalité, des valeurs successives de $d\Phi$; il faudrait savoir traduire ce langage psychologique en langage physiologique, autrement dit, étant donné un $d\Phi$ déterminé savoir quels sont tous les $d\varphi(A)$ dont il est la somme, ou encore quels sont tous les éléments histologiques qui ont fonctionné dans l'opération considérée et comment ils ont fonctionné.

Malheureusement nous sommes encore loin de ce résultat quoique la détermination des localisations cérébrales soit un premier pas dans cette voie féconde.

*
* *

Plusieurs réflexes divers peuvent avoir lieu en même temps, tant est grande la complexité de notre système nerveux. Quelques-uns sont conscients, d'autres inconscients. Comment cela est-il possible et à quoi tient cette différence ?

Dans l'hypothèse où nous nous sommes placés, nous ne pouvons plus concevoir qu'un réflexe se produise sans être accompagné d'un $d\varphi$ ou sensation ; mais il est bien facile de voir que, suivant les cas, ce $d\varphi$ pourra être d'une importance très variable.

Considérons, en effet, un réflexe simple dont le chemin est tracé complètement par deux neurones ; son $d\varphi$ sera la somme de deux $d\varphi$ de plastides complets, c'est-à-dire, une quantité absolument négligeable. L'opération physique correspondante pourra être cependant assez importante comme phénomène extérieur.

Étudions au contraire un réflexe très complexe qui met en jeu un très grand nombre de nos centres nerveux ; le $d\varphi$ correspondant sera la somme de myriades de $d\varphi$ et sera par conséquent très sensible, quoique l'opération physique correspondante puisse être très peu considérable comme phénomène extérieur (opérations mentales par exemple).

Entre ces deux cas extrêmes il y a des milliers de cas intermédiaires dont l'étude demanderait un volume ; elle est inutile ici, car cette étude n'est autre que celle de la physiologie du système nerveux qui est traitée partout.

Je veux seulement montrer en quelques mots comment l'on peut se rendre compte de ce fait qu'un acte primitivement conscient devienne inconscient par habitude, ce qui est parallèle à la particularité étudiée plus haut [1] qu'un acte primitivement intellectuel devient secondairement instinctif (instincts secondaires ou acquis).

(1) Voir p. 64.

Voici une excitation[1] nouvelle que n'a pas encore
reçue l'organisme ; le chemin du réflexe qui en résulte,
n'est naturellement pas encore tracé ; il y aura trans-
mission dans un grand nombre de directions, à travers plusieurs centres nerveux dont le fonctionnement
s'accompagnera d'épiphénomènes variés (hésitation,
réflexion, volonté [2], etc.) et finalement exécution d'un
acte correspondant à l'excitation considérée. Non
seulement le grand nombre des chemins parcourus
s'accompagnera d'épiphénomènes (opérations mentales), mais le résultat du réflexe sera aussi de consolider par assimilation fonctionnelle l'un des chemins,
celui dont le fonctionnement a été le plus important.

Qu'une nouvelle fois la même excitation agisse sur
l'organisme, il pourra se présenter deux cas :

Ou bien les conditions concomitantes seront différentes dans le système nerveux (état d'esprit, bonne
disposition, etc.), et alors la réponse de l'organisme
pourra être toute différente de ce qu'elle a été la
première fois (illusion de la volonté); ou bien les
conditions concomitantes seront identiques à ce
qu'elles étaient la première fois, et le même réflexe
se produira avec quelques modifications cependant;
en effet, l'excitation initiale et l'acte résultant seront

(1) Pour la définition de l'excitation, voir *Théorie nouvelle
de la vie*, p. 90.

(2) Il s'agit, bien entendu, de l'illusion de la volonté, d'un
épiphénomène témoin et inactif. V. p. 152 en note.

bien les mêmes, mais l'ensemble des chemins parcourus par le réflexe sera légèrement modifié car les résistances ont varié à la suite du premier acte similaire. Une partie plus grande de l'influx traversera le chemin consolidé et, par conséquent, les opérations mentales correspondant aux autres chemins seront affaiblies d'autant (effort moindre).

Si cela se reproduit souvent, le chemin direct du réflexe opposant de moins en moins de résistance à l'influx nerveux, *tout* celui-ci finira par y passer et le $d\Phi$ correspondant sera réduit à très peu de chose, inappréciable[1]. L'opération, d'intellectuelle et de consciente qu'elle était d'abord, sera devenue instinctive et inconsciente. Ce sera un instinct secondaire.

J'ai pris comme exemple un cas extrême; il arrivera le plus souvent que la valeur de $d\Phi$ décroîtra simplement sans devenir inappréciable; enfin, il y a beaucoup d'opérations complexes qui resteront intellectuelles et ne se produiront jamais deux fois de la même manière. Il y a tous les passages entre les actes intellectuels et les instincts secondaires.

ÉNERGIE SPÉCIFIQUE

Nous avons vu plus haut[2] qu'il est facile de concevoir qu'un agent extérieur quelconque, lumière,

(1) Puisque l'ensemble des éléments nerveux parcourus par le réflexe sera linéaire et par suite très restreint.
(2) Voir page 66.

substances chimiques, etc., détermine dans un plastide des réactions *spéciales* qui n'ont jamais lieu
dans ce plastide en dehors de l'influence de cet agent
particulier. La sensation $d\varphi$ correspondant à cette
réaction spéciale est donc, pour le plastide, *caractéristique* de cet agent extérieur ; c'est, par exemple,
pour la lumière, la sensation lumineuse ; pour une
substance chimique, le goût (?).

Il faut se défier d'une généralisation trop rapide de
ce que nous avons été amenés à considérer comme
vrai pour les plastides, lorsque l'on arrive aux animaux les plus élevés en organisation, comme les
mammifères et l'homme.

Considérons, par exemple, ce qui se passe dans
notre œil et quelle est l'influence d'un rayon lumineux
sur une terminaison nerveuse de notre rétine. Devons-
nous admettre que la lumière détermine dans une de
ces terminaisons des réactions chimiques absolument
nouvelles ? Cela est possible, mais nous pourrions
également percevoir une sensation lumineuse sans
que cela fût.

Ce que nous pouvons affirmer, c'est que notre
rétine est impressionnée par la lumière, tandis que
d'autres surfaces de notre corps ne le sont pas, c'est-
à-dire que la lumière détermine dans la rétine des
modifications chimiques susceptibles de faire naître
dans le nerf qui y aboutit un influx nerveux centripète, tandis qu'elle ne produit pas le même effet sur

une papille de notre main par exemple. En effet, nous sommes tenus au courant, par la conductibilité nerveuse, de toutes les réactions chimiques qui se passent à la surface de notre organisme et nous n'éprouvons aucune sensation différente lorsque notre main est ou n'est pas baignée de lumière. Il y a donc certainement une différence chimique entre notre rétine et nos papilles du tact, et cette différence est du même ordre que celle qui sépare le chlorure d'argent d'un chlorure non photographique.

Autrement dit, notre rétine est comparable à une espèce plastidaire phototactique tandis que notre papille du tact est comparable à une espèce non phototactique. Or nous devons admettre, dans l'hypothèse où nous nous sommes placés, que le plastide phototactique a la notion de la direction du faisceau lumineux incident ; nous n'avons aucunement le droit d'admettre que ce plastide éprouve une sensation lumineuse, différente de telle autre sensation accompagnant une excitation mécanique ou électrique. Il faudrait, pour que nous puissions l'affirmer, que la chimie des plastides fût plus avancée qu'elle ne l'est, nous montrât, par exemple, parmi les substances R qui proviennent des réactions du plastide en présence de la lumière, un corps qui ne s'y trouvât jamais en dehors de l'influence de cet agent [1].

(1) De tels résultats sont connus en microbiologie et en botanique.

Pour la rétine nous avons, d'ailleurs, une remarque facile à faire. Nous pouvons percevoir une *sensation lumineuse* sans que le fond de notre œil reçoive la moindre quantité de lumière. Chacun sait qu'un coup violent sur un œil fermé fait « voir trente-six mille chandelles ». Il est donc certain que les réactions correspondant à la sensation lumineuse peuvent se passer en nous sans l'intervention d'une radiation correspondante. En outre, un homme qui a eu les yeux enlevés peut encore, dans certains cas, pendant quelque temps au moins, percevoir une impression lumineuse sous l'influence d'un choc. Donc, quelle que soit d'ailleurs la nature des réactions qui se passent dans la rétine sous l'influence de la lumière, nous pouvons affirmer que la « sensation lumineuse » se produit aussi chez nous en dehors de la rétine ; nous sommes amenés à concevoir qu'elle est concomitante de l'activité de certains neurones auxquels aboutit le nerf optique dans le sens centripète, ce qui nous donne la notion si intéressante de l'énergie spécifique des nerfs. La nature de la sensation qui accompagne l'activité d'un nerf périphérique, ne dépend pas de la terminaison périphérique de ce nerf, mais bien de sa terminaison dans les centres.

Cette remarque donne une grande importance à la topographie du système nerveux central et permet d'interpréter les localisations cérébrales.

Nous avions été amenés, dès le début, à considérer que, pour la sommation des φ atomiques d'où résulte le φ moléculaire, la place des atomes dans la molécule devait entrer en ligne de compte ; puis nous avions pensé que le φ plastidaire provenait des φ moléculaires, par une sommation qui ne négligeait pas la disposition respective des molécules de substances plastiques ; enfin nous avons défini le Φ de l'homme (p. 124) : « la somme de tous les φ des neurones, cette somme étant effectuée en tenant compte de la place et des rapports de chacun des neurones ».

La notion de l'énergie spécifique des nerfs corrobore cette manière de voir en nous montrant l'importance de la disposition respective des neurones dans les centres. Nous pouvons, d'ailleurs, nous en rendre compte comme il suit :

Dans l'hypothèse où nous nous sommes placés, la nature d'une sensation étant déterminée par les déplacements atomiques qui constituent la réaction dont cette sensation est l'épiphénomène [1], nous devons, de toute nécessité, conclure qu'une sensation spéciale accompagne une réaction spéciale, différente de toute autre réaction dont l'épiphénomène sensationnel est différent. Il faut donc que les réactions de l'activité d'un neurone qui nous donne la sensation lumineuse, soient différentes de celles d'un neurone

_____

(1) Voir p. 103.

qui nous donne la sensation tactile par exemple, c'est-
à-dire, que ces neurones soient *différents*. Or l'étude
des localisations cérébrales prouve que les neurones
qui nous donnent une sensation déterminée occupent
toujours la même place dans notre cerveau, ce qui
conduit à cette conclusion que la nature chimique
des neurones dépend de leur position topographique.

Mais ceci est tout à fait d'accord avec ce que nous
savons du développement du corps humain en particulier, du corps de tous les métazoaires en général.
Dans la différenciation histologique, la nature d'un
élément est déterminée, par suite de circonstances
que j'ai étudiées ailleurs [1], par sa situation topographique. Ici se formera un muscle, là une glande,
etc., etc., et cela est général comme le prouve l'uni-
formité de l'anatomie des animaux d'une même espèce. Les éléments nerveux de notre cerveau se ressemblent tous extérieurement et leur étude histologique ne nous apprend pas en quoi ils diffèrent ; c'est
que les différences chimiques qui existent entre eux
ne se traduisent pas morphologiquement, de même
qu'il est impossible bien souvent de distinguer deux
bactéries de même espèce dont l'une a conservé,
l'autre perdu ses propriétés pathogènes.

Ces différences chimiques ne se manifestent à nous
que par la différence des épiphénomènes qui accom-

_____

(1) *Théorie nouvelle de la vie*, chap. XVIII.

pagnent leur fonctionnement : sensation lumineuse chez l'un, auditive chez l'autre, tactile chez celui-là, etc., etc. N'y a-t-il pas, d'ailleurs, des différences dans les substances *R* excrétées par des individus qui ont fait fonctionner d'une manière exagérée, l'un son organe visuel, l'autre son organe auditif? La chimie de toutes ces questions est encore bien peu avancée.

Néanmoins, l'énergie spécifique des nerfs est aujourd'hui admise par tout le monde, et on l'exprime d'une manière frappante comme il suit : supposez que vous réussissiez à souder une fibre du nerf optique à une fibre centripète partant d'une terminaison périphérique tactile; un attouchement produit sur cette terminaison tactile déterminera chez le sujet ainsi opéré une sensation lumineuse. Soudez le nerf optique séparé de la rétine à la partie périphérique du nerf acoustique; le son excitant l'oreille donnera au sujet une sensation lumineuse, le patient verra le son, etc.

Mais toutes ces mutilations ne sont pas en général réalisées dans la nature et tous les êtres d'une même espèce ont une structure analogue. C'est pour cela que chez tous les hommes les surfaces sensibles à la lumière (rétines) sont en connexion avec les neurones dont l'activité donne la sensation lumineuse, ou pour mieux dire avec les neurones dont l'activité nous donne la sensation que nous appelons lumineuse précisément parce qu'elle est généralement

8.

déterminée par l'influence de la lumière sur la rétine. Mais imaginez un aveugle né qui ait cependant les centres nerveux complets, un aveugle qui ait des yeux, mais dont les paupières soient closes. La sensation que nous appelons lumineuse, il l'appellera sensation du coup de poing sur l'œil, s'il ne l'a jamais ressentie que sous l'influence de cet agent mécanique. Au contraire, un homme non aveugle, habitué à rapporter les mêmes effets aux mêmes causes, dira que le coup sur l'œil lui a fait *voir* 36 000 chandelles...

C'est donc, somme toute, par suite d'une habitude qui est la même chez tous les êtres constitués de la même manière, que nous arrivons à rapporter toujours à la lumière la sensation lumineuse, au son la sensation auditive, au toucher la sensation tactile, quoiqu'il n'y ait en réalité aucun rapport direct[1] entre ces sensations spéciales et les agents physiques correspondants.

RAISON

On donne souvent à l'intelligence humaine le nom de raison, et l'on entend par raison la *faculté* qu'a l'homme d'adapter ses actes aux conditions extérieures, de tirer parti de son expérience[2]. Cette

----

(1) Nous avons vu plus haut (p. 107) qu'il peut n'en être pas de même chez les protozoaires.

(2) C'est la définition de l'intelligence, d'après Romanes.

définition même sous-entend forcément l'existence d'une volonté capable de donner une impulsion et de déterminer des actes. Ceux qui admettent *à priori* que la volonté existe, conçoivent de la même manière que cette volonté est raisonnable ; mais si l'on ne voit dans la volonté qu'une illusion, un épiphénomène témoin et inactif, il faut se demander comment il se fait que l'homme soit raisonnable, puisque tout en lui est déterminé par sa structure et par les conditions extérieures.

D'abord, en vertu même de la loi d'assimilation fonctionnelle, chaque organe est naturellement adapté à sa fonction puisqu'il se conserve par son fonctionnement même [1]. Mais cela n'est pas vrai seulement des organes dont le fonctionnement extérieur est susceptible d'observation directe ; cela est vrai aussi pour les centres nerveux dont le fonctionnement est caché.

Nous avons vu déjà, à propos de l'énergie spécifique des nerfs, que les centres optiques [2] par exemple, c'est-à-dire ceux qui nous donnent la *sensation lumineuse*, sont précisément en rapport avec les rétines, c'est-à-dire avec les surfaces sensorielles qui sont physiologiquement impressionnables par la

(1) *Théorie nouvelle de la vie*, chap. xxi.
(2) Ce raisonnement est indépendant de la place assignée, par les anatomistes, aux centres optiques, dans la topographie cérébrale.

lumière. Mais nous savons qu'il faut renverser cette
proposition et dire : nous appelons *sensation lumineuse* celle que nous éprouvons par suite du fonctionnement de nos centres optiques, parce que, *le
plus souvent*, ces centres optiques n'entrent en activité que lorsqu'un rayon lumineux frappe notre
rétine. Et ceci a lieu pour tous les hommes, parce
que la structure histologique est analogue chez tous
les êtres d'une même espèce.

Si nous nous trouvons plusieurs hommes réunis et
regardant un même objet, nous nous entendons
généralement sur ce que nous voyons, parce que
nous sommes tous construits de la même manière;
mais si l'un de nous voit différemment, par suite
d'une excitation mécanique ou chimique quelconque,
celle de l'alcool par exemple s'il est ivre, nous considérons sa manière de voir comme *déraisonnable*,
nous disons qu'il a la berlue, qu'il est fou, etc.

Ici, il ne s'agit que d'un épiphénomène ; or, la
même influence mécanique ou chimique a pu, non
seulement lui donner une sensation différente de
celle qu'on éprouve en général, mais modifier d'une
manière complète tous les réflexes qui partent de
l'excitation venue de l'extérieur, et finalement les
actes apparents qui en résultent et qui diffèrent de
ceux qu'eussent exécutés, dans les mêmes conditions,
des hommes *raisonnables*. Nous songeons, quand
nous assistons à cette chose extraordinaire, aux

épiphénomènes accompagnant chez nous les réflexes qui sont déterminés par cette excitation spéciale et que nous appelons association des idées, raisonnement ; nous croyons que ces associations d'idées déterminent chez nous la volonté d'agir de telle ou telle manière, et nous considérons comme privé de raison celui qui n'a pas eu la même association d'idées et par suite la même manière d'agir que nous dans les mêmes circonstances.

L'association des idées qui provient d'une excitation extérieure, c'est-à-dire la marche suivie par le réflexe qui en provient, est généralement différente chez deux hommes différents ; cela tient à ce que l'homme est le produit de tout ce qu'il a fait depuis sa naissance [1] et que jamais deux hommes n'ont fait exactement les mêmes choses, indépendamment des différences héréditaires. Mais prenez deux frères qui se ressemblent beaucoup et qui ont toujours vécu ensemble, ils auront presque toutes les mêmes associations d'idées, parce qu'ils ont le même caractère originel et qu'ils ont construit leurs divers organes par des opérations analogues [2].

---

(1) *Théorie nouvelle de la vie*, chap. XXI.

(2) Voyez les bandes des poissons dans la mer ; ils sont nés par milliers, d'œufs semblables, dans des conditions semblables et se sont développés tous de la même manière ; tous ont le même passé physiologique (et par conséquent psychologique par parallélisme) ; tous éprouvent la même impression d'une même excitation extérieure, et y réagissent de la

La raison est donc, au point de vue des phénomènes apparents, un résultat de l'assimilation fonctionnelle et de la similitude de structure des hommes ;
au point de vue des épiphénomènes sensationnels,
un résultat de l'*habitude* que nous avons acquise de
constater que tel épiphénomène accompagne toujours tel phénomène correspondant, par suite même
de la structure de notre cerveau ; si nous savions ce
que pense un chien, nous trouverions probablement
qu'il est fou, parce que son cerveau est différent du
nôtre.

. On pourrait s'étendre indéfiniment sur ce sujet ;
qu'il suffise de l'avoir indiqué.

Lorsque le développement de l'homme s'effectue
sans accident, il donne donc naissance à un être peu
différent de ses congénères, tant au point de vue de
sa forme extérieure que de ses caractères cérébraux.

Qu'un traumatisme lui enlève un membre, nous
dirons qu'il est boiteux, manchot, etc.; mais qu'une
cause accidentelle modifie les rapports de diverses
parties de son cerveau sans le tuer, nous disons qu'il
est fou, parce qu'il n'éprouve pas ce que nous éprouvons et ne réagit pas comme nous réagissons, nous

même manière par suite d'association d'idées semblables;
aussi restent-ils associés en bandes puisqu'ils suivent des
chemins déterminés semblablement par des conditions extérieures semblables dans des organismes semblables ; ils ne
se séparent que rarement, quoique n'ayant pas de but précis
dans leur course.

qui constituons la majorité des hommes; il y a cependant quelque chose de plus que cette absence de similitude avec les autres hommes.

Voici, par exemple, un centre nerveux qui pendant plusieurs années a été en relation avec la rétine; l'homme qui le possède, a l'*habitude* de rapporter à la lumière les sensations que lui procure l'activité de ce centre; son éducation faite de cette manière, il a des notions *exactes* sur ce qui se passe hors de lui, par l'intermédiaire de ses organes des sens. Mais voici que par suite d'un traumatisme ce centre nerveux change de connexions périphériques [1]; l'homme qui le possède *verra* des choses qui n'existent pas, car il continuera à rapporter, à une influence lumineuse, des sensations qu'il n'a éprouvées jusqu'à cette époque que corrélativement à une influence lumineuse et qui aujourd'hui peuvent provenir d'une excitation tactile ou gustative. C'est ainsi que des variations dans les rapports des diverses parties du système nerveux produisent des altérations de la personnalité; l'une de ces variations est particulièrement intéressante parce qu'elle se produit périodiquement en nous et disparaît périodiquement sans laisser de trace : c'est le sommeil.

---

(1) Ce cas ne doit jamais s'être présenté, mais il est commode pour l'exposition du sujet.

SOMMEIL. RÊVES

Le Dr Azoulay a résumé dans « l'Année psychologique » de 1896, les diverses théories du sommeil; je ne les expose donc pas ici, me contentant
de faire à leur sujet une remarque générale : toutes
ces théories sont basées sur le même principe, la
variation des relations qui existent entre les diverses
parties du système nerveux, par suite de rétraction
ou d'allongement des prolongements ramifiés de certains éléments anatomiques. Que ces éléments soient
les neurones (Lépine, Duval) ou les cellules névro-
gliques (R. y Cajal), le principe de l'explication
est le même et l'on peut ramener cette explication
au schéma de la figure 6.

Fig. 6. — Schéma du sommeil.

Il y a toute une partie des centres nerveux qui
n'est qu'indirectement en relation avec l'extérieur,
c'est-à-dire qu'elle ne se trouve impressionnée chimiquement par ce qui se passe à la périphérie de
l'organisme que grâce à l'intermédiaire d'autres
centres nerveux qui sont en relation directe avec la

surface. Cette partie A (fig. 6) est très considérable chez l'homme et correspond donc à une grande partie de l'individualité psychologique. A l'état de veille, elle est par des prolongements *a* en relation de contiguïté avec les autres centres B qui reçoivent directement les excitations provenant de l'extérieur.

Le soir, les substances R s'étant accumulées dans l'organisme[1], il y a rétraction des pseudopodes *a* et *b*, comme cela a lieu chez une gromie qui est plongée dans un liquide vénéneux; il y a, par suite, discontinuité entre A et B; un acte réflexe se passera donc dans B seul sans que A en soit influencé (à moins que le phénomène qui se passe dans B soit assez énergique pour que son influence physique franchisse la distance de séparation[2]); mais A, soustrait à l'influence de B sera néanmoins soumis à l'action chimique des liquides de l'organisme[3] d'où réactions diverses accompagnées naturellement d'épiphénomènes de conscience (rêves).

(1) Voir *Théorie nouvelle de la vie*. Chap. XXI.

(2) Ce passage brusque détermine quelquefois le réveil en causant un rapprochement physique des prolongements *a* et *b*; mais, si la fatigue existe encore, c'est-à-dire si l'élimination des substances *R* n'est pas suffisamment complète, il y a rétraction nouvelle des pseudopodes et le sommeil recommence. Il n'en est pas de même dans le réveil normal produit par une excitation de faible intensité quand l'organisme est reposé définitivement par l'élimination des substances *R*.

(3) Comparez ceci au fonctionnement de la pile à gaz obtenue en réunissant les deux fils d'un voltamètre chargé d'abord et séparé ensuite de la pile qui a servi à le charger.

Or, l'on peut considérer, d'après ce que nous enseigne l'observation, que l'ensemble des centres B est à peu près adulte et commande les réflexes instinctifs, tandis que la variabilité, persistant dans le groupe très-complexe des centres A, fait des réflexes qui traversent ces centres des opérations intellectuelles.

Donc, pendant le sommeil, les seuls actes déterminés en nous par les excitations *extérieures* sont des actes instinctifs et par suite inconscients[1], tandis que les opérations conscientes qui correspondent à l'activité chimique des diverses parties du groupe A (fig. 6) sont absolument dépourvues de relations avec l'extérieur.

Mais les épiphénomènes de conscience qui accompagnent, à l'état de veille, nos actes intellectuels, ont pour nous, par suite de l'éducation et de l'habitude[2], une signification déterminée ; nous savons que, par exemple, telle *sensation* lumineuse correspond, à l'état de veille, à une impression rétinienne qui est en rapport étroit avec un phénomène extérieur à nous ; c'est par suite de cette éducation, de cette habitude, que nous tirons parti des renseignements que nous donnent sur le monde ambiant nos organes des sens.

Eh bien ! pendant le sommeil, des excitations chimiques d'origine *interne* provoquent l'activité de

(1) Voyez plus haut, p. 131.
(2) Voyez p. 64.

certains centres du groupe A, et nous avons alors, par suite des épiphénomènes qui accompagnent cette activité, des sensations que nous rapportons par habitude à des phénomènes *extérieurs* à nous et qui n'existent pas. C'est l'illusion du rêve qui est donc une folie périodique. Le plus souvent ces sensations qui remplissent notre sommeil, ne sont pas nouvelles pour nous; les phénomènes auxquels nous croyons assister, se rapportent à peu près à des êtres et des sites que nous connaissons effectivement; c'est le résultat de la mémoire du groupe des centres A.

Mais, souvent aussi, ces sensations sont nouvelles et n'ont jamais encore accompagné de phénomènes conscients dans notre individu éveillé; alors elles nous donnent l'illusion de choses monstrueuses, d'êtres fantastiques, etc. (cauchemars).

Il arrive, chez quelques sujets prédisposés, que la rétraction des prolongements *a* et *b*, occasionnée par l'accumulation, dans l'organisme, des substances R qu'a produites son fonctionnement diurne, ou par toute autre cause, ne détermine pas d'abord une solution de continuité entre les centres A et B, mais établit momentanément entre ces deux groupes de centres nerveux des relations de contiguïté *différentes* de celles qui existent à l'état de veille. Le sujet, dans ces conditions, n'est pas endormi; ses centres nerveux sont encore en relation avec ses

organes de perception extérieure, mais *sa personnalité* a changé; ce n'est plus le même individu.
C'est la condition seconde.

Voici un enfant qui, couché à huit heures du soir,
et cru endormi, demande à sa mère de lui raconter
une histoire; au bout de quelque temps, le véritable
sommeil arrive et l'histoire est arrêtée. Le lendemain
matin au réveil, l'enfant n'en a aucun souvenir; il
est réveillé dans la condition première.

Le soir, quelques minutes après qu'il est couché,
il retrouve la personnalité de la condition seconde
qu'il avait vingt-quatre heures auparavant et demande
à sa mère la continuation de l'histoire commencée la
veille, puis s'endort définitivement pour se réveiller le
lendemain à la condition première et ainsi de suite ;
cette condition seconde est une des plus simples
parmi les altérations de la personnalité; nous ne
pouvons nous étendre ici sur ce sujet [1].

(1) Lisez BINET, *Les altérations de la personnalité.* (Bibliothèque scientifique internationale.) Il est très facile de se
rendre compte, au moyen des considérations précédentes, de
« la curieuse situation psychologique d'une personne en état
de dédoublement, » et aussi de l'existence de cette seconde
conscience dont l'auteur dit page 88 : « Nous aurons à examiner
si ces phénomènes, inconscients pour le sujet, sont aussi
inconscients en eux-mêmes et pour eux-mêmes, ou s'il n'est
pas plus probable qu'ils appartiennent à une seconde conscience. »
Pour se l'expliquer, il suffit de se reporter à la figure 6
(schéma du sommeil) et de supposer que le groupe A se
décompose en plusieurs groupes reliés entre eux comme A
est lui-même relié à B.

MÉMOIRE, OUBLI

Il ne reste plus de difficulté dans l'explication de la mémoire après tout ce que nous avons vu précédemment.

Quand nous parlons de mémoire, nous songeons toujours à la mémoire consciente, c'est-à-dire à un épiphénomène psychologique; mais, nous savons que la langue psychologique doit être parallèle à la langue physiologique. Voyons à quelle particularité objective de notre organisme correspond ce que nous appelons la mémoire consciente ou simplement la mémoire.

Il y a deux choses à considérer dans la mémoire au point de vue objectif :

1° Le fait que nous n'avons pas oublié une chose, que nous sommes susceptibles de nous la rappeler ;

2° L'opération qui consiste à nous en souvenir.

La première chose consiste en une particularité histologique, la deuxième est corrélative d'un phénomène physiologique.

Exécutons une opération quelconque, mentale[1] ou autre, un certain nombre de fois. Le chemin parcouru par le réflexe correspondant sera, en vertu de

[1] C'est-à-dire non accompagnée de phénomènes extérieurs, connue de nous seuls et non observable pour nos voisins.

la loi d'assimilation fonctionnelle, consolidé par ce
réflexe même; il y aura donc dans notre système
nerveux un certain nombre de modifications histologiques corrélatives de l'opération en question. Tant
que ces modifications histologiques persisteront, la
mémoire histologique de l'opération en question per-
sistera; il suffira de la répéter de temps en temps
pour entretenir par assimilation fonctionnelle cette
mémoire histologique (condition numéro 1). Si l'on
reste longtemps sans la répéter, la destruction plastique qui accompagne le repos des organes détruira
cette particularité de notre système nerveux; il y
aura *oubli*.

Supposons qu'il n'y ait pas eu oubli et considérons
toutes les parties du système nerveux qui correspondent au réflexe considéré; pour cet ensemble P, on
aura :

$$\varphi(P)\,(^1) = \Sigma\varphi(A)$$

A étant un quelconque des neurones employés par
le réflexe en question.

Quand ce réflexe se produira, l'activité chimique
correspondante sera accompagnée de la sensation

$$d\varphi(P) = d\Sigma\varphi(A) = \Sigma d\varphi(A)$$

(1) Cette quantité $\varphi(P)$ peut être considérée comme la mesure
de la part occupée par la mémoire histologique de cette opération déterminée dans notre sensorium Φ.

c'est-à-dire qu'elle sera à peu près la même, chaque fois, puisque, par suite de l'assimilation fonctionnelle, $\Sigma \varphi (A)$ sera resté constant. Cette sensation sera celle qui accompagne l'opération par laquelle nous nous souvenons *effectivement*[1], physiologiquement, de ce que, histologiquement, nous n'avons pas oublié

Ce qu'il y a de très curieux, et je l'ai déjà fait remarquer plus haut (p. 102), c'est que cette variation $d \varphi (P)$ correspondant effectivement à des réactions chimiques considérables et représentant par conséquent une forte sensation, aura, par suite du phénomène d'assimilation un effet à peu près nul en tant que modification dans la structure du système nerveux, du moins quant aux rapports des éléments anatomiques les uns avec les autres.

Toutes les considérations précédentes suffisent à expliquer pourquoi, chaque organe se construisant à partir de l'éclosion par son fonctionnement même, et chaque sensation, à l'état de veille, se rapportant, par éducation et habitude, au phénomène extérieur qui détermine le réflexe correspondant par l'inter-

---

(1) Cette *opération de souvenir* peut se produire aussi bien pendant le sommeil que pendant la veille puisque, nous l'avons vu plus haut, la partie de $\Sigma \varphi (A)$ qui appartient au groupe B (fig. 6) est insignifiante; et, en effet, les phénomènes qui se passent uniquement dans le groupe B, sont instinctifs et inconscients.

médiaire de nos organes des sens, il y a adaptation
des organes à la fonction, d'une part, et, d'autre part,
l'épiphénomène de conscience est *raisonnable* tant
qu'il n'y a pas eu modification secondaire (sommeil,
folie, etc.) des rapports établis entre les neurones
par l'assimilation fonctionnelle. La folie, due à une
telle modification, est persistante ou passagère suivant que la cicatrisation peut rétablir, ou non, les
rapports préexistants.

La *raison* se développe ainsi naturellement avec
l'organisme; il y a concordance entre la définition
donnée plus haut de l'intelligence (p. 65) et celle
que donne Romanes (malgré l'introduction, dans cette
dernière définition, de l'illusion de la volonté [1]) : « Un

(1) Cette illusion de la volonté provient naturellement de
la notion d'individualité, de personnalité, dont l'inutilité *physiologique* ressort clairement du passage suivant de M. Ribot
(Les maladies de la personnalité). « L'unité du moi, au sens
psychologique du mot, c'est la cohésion pendant un temps
donné d'un certain nombre d'états de conscience clairs accompagnés d'autres moins clairs, et d'une foule d'états physiologiques qui, sans être accompagnés de conscience, agissent
autant qu'eux. *Unité veut dire coordination.* »
Tout acte exécuté par l'homme à un moment donné est précisément la résultante de son état au moment considéré et
est, par conséquent, en harmonie avec sa pensée du moment
(épiphénomène inactif); c'est là qu'est l'explication de l'illusion de la volonté dans les opérations conscientes.
Voici, d'ailleurs, un moyen très simple d'exprimer d'une
manière précise ce que l'on doit entendre par ces mots :
l'illusion de la volonté.
Supposez (cas purement hypothétique), qu'il y ait, à un
moment déterminé, deux hommes *identiques* atome à atome.
Ces deux hommes auront naturellement les mêmes souve-

animal intelligent est celui qui *sait* tirer parti de son expérience. »

On voit que l'on peut distinguer l'instinct de l'intelligence et donner à ces deux facultés leurs attributions propres sans faire intervenir l'hypothèse d'une volonté directrice ; on conçoit en même temps que les phénomènes instinctifs et habituels deviennent inconscients, tandis que les phénomènes intellectuels ne le sont pas.

MORT

Nous avons assisté au développement parallèle de la personnalité psychologique, et de la personnalité physiologique étudiée dans la *Théorie nouvelle de la vie*. La mort détruit l'une et l'autre.

Il y a à distinguer la *mort générale* ou mort proprement dite de l'animal, et la *mort élémentaire* de ses éléments histologiques[1] ; le plus souvent, la mort proprement dite précède la mort élémentaire des éléments, mais le contraire peut avoir lieu. Dans tous les cas, qu'il y ait ou non mort élémentaire des tissus, la mort générale provient d'une discontinuité nerveuse[2] et, par conséquent, empêche la sommation

---

nirs (mémoire histologique). Eh bien ! placés à ce moment déterminé dans des conditions identiques, *ils* voudront *exactement la même chose*, ce qui est la négation d'une volonté absolue, d'une liberté véritable.

(1) *Théorie nouvelle de la vie*. Chap. xxv.

(2) Discontinuité physique ou chimique et, dans ce dernier

des φ élémentaires des diverses parties du système. La conscience totale doit donc disparaître avec la mort générale; la mort psychologique est la conséquence fatale de la mort physiologique.

Puis vient la mort élémentaire des tissus, c'est-à-dire la destruction chimique de leurs substances plastiques à la condition numéro 2; or, nous avons dû l'admettre, la structure spéciale de ces substances plastiques permettait seule la sommation des consciences de leurs molécules ; il ne reste donc plus que des consciences moléculaires isolées, dont la somme serait égale à la conscience totale de l'élément histologique d'où elles proviennent, mais qui sont *isolées*. Elles pourront se réunir de nouveau si les molécules ainsi dispersées[1] entrent par assimilation dans la constitution de nouveaux plastides; puis il pourra arriver que ces nouveaux plastides entrent dans la constitution du système nerveux d'un animal supérieur, s'ils proviennent, par division, de l'œuf de tel ou tel animal. La sommation des consciences élémentaires de ces plastides donnera une conscience totale de vertébré, d'homme[2]...; mais cette conscience totale *dépendra uniquement de l'arrange-*

cas, elle a lieu par suite de la destruction des substances plastiques dont la structure permet seule la sommation des φ.

(1) Ou seulement des atomes de ces molécules, et d'autres atomes ou d'autres molécules de provenance différente...

(2) C'est ce qui arrive quand nous nous nourrissons des cadavres d'autres animaux ou de végétaux.

ment des parties correspondantes, qui déterminera ainsi l'individualité, la personnalité psychologique du nouvel être.

Un animal pourrait être constitué presque uniquement d'atomes et de molécules provenant du corps d'un autre animal (comme cela a lieu pour les êtres qui se développent dans les cadavres et proviennent d'un œuf très petit, sans que sa personnalité physiologique ou psychologique eût rien de commun avec celle de l'être d'où il semble provenir (hétérogénèse).

RÉSUMÉ ET CONCLUSIONS

En résumé, pour établir le parallélisme de la psychologie et de la physiologie nous avons uniquement admis :

1° Que les atomes ont une conscience fixe et immuable pour une espèce atomique déterminée ;

2° Que les consciences atomiques s'ajoutent dans une molécule, les consciences moléculaires dans un amas continu de substances plastiques, et les consciences plastidaires dans l'ensemble du système nerveux d'un être supérieur.

En partant de ces seules hypothèses, qui nous ont d'ailleurs été suggérées par les phénomènes chimiques particuliers aux substances plastiques, nous avons pu nous expliquer tous les épiphénomènes de conscience des êtres supérieurs et de l'homme [1]. On pourrait peut-être arriver à s'expliquer ces épiphénomènes en partant d'autres hypothèses; l'important est de montrer qu'on peut se les expliquer sans admettre quelque chose de contraire au déterminisme chimique.

En effet, nous avons dû constamment nous rendre compte que, dans toute la biologie, il n'y a pas d'intervention mystérieuse de principes immatériels; *les épiphénomènes sont des témoins inactifs* et leur étude est absolument inutile à celle des phénomènes de la vie.

Tout se passerait de même dans la nature si les corps conservaient *toutes* leurs propriétés à l'exclusion de la propriété de conscience [2]; les substances plastiques sont, comme toutes les autres substances brutes, soumises à la loi d'inertie : « Un corps ne peut modifier par lui-même son état de repos ou de mouvement. »

(1) Et leur continuité dans le temps et dans l'espace.

(2) Mais cette propriété de conscience existe, nous le constatons au moins *pour les atomes* qui entrent dans notre constitution et ces atomes ne diffèrent en rien de ceux qui entrent dans la constitution d'un mouton, d'un chien, etc. Nous devons donc nous dire, renversant la proposition précédente, que si nous savions faire, au moyen de n'importe quels éléments, un mouton automate composé chimiquement comme les moutons ordinaires, cet automate qui exécuterait toutes les opérations habituelles aux moutons serait conscient comme le sont très probablement les moutons.

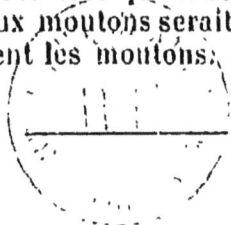

TABLE DES MATIÈRES

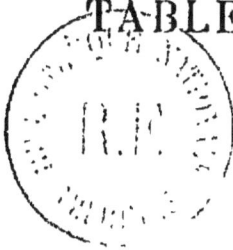

PREMIÈRE PARTIE

LES PHÉNOMÈNES

DEUXIÈME PARTIE

LES ÉPIPHÉNOMÈNES

9 janv 229 [illegible handwriting]

ÉVREUX, IMPRIMERIE CHARLES HÉRISSEY

FÉLIX ALCAN, ÉDITEUR

108, BOULEVARD SAINT-GERMAIN, PARIS

VIENT DE PARAITRE :

THÉORIE NOUVELLE DE LA VIE

Par F. LE DANTEC

Ancien élève de l'École normale supérieure, docteur ès sciences.

1 vol. in-8 de la *Bibliothèque scientifique internationale*, cartonné à l'anglaise. . . . . 6 fr.

EXTRAITS DES ARTICLES PUBLIÉS SUR CET OUVRAGE

Le sujet est exposé avec une grande clarté et une méthode parfaite; le lecteur, même ignorant les récentes découvertes de la morphologie et de la physiologie, pourra comprendre; du moins il croira comprendre, s'il possède toutefois les principes des sciences, car l'auteur le fait remarquer avec raison : « Il serait aussi illusoire de vouloir expliquer les phénomènes vitaux à des personnes complètement dépourvues d'instruction scientifique, qu'il m'a été impossible, en prenant cependant beaucoup de peine, de faire comprendre le phénomène si simple des pierres branlantes à un homme très érudit qui ne possédait aucune notion de mécanique. »

Puissamment armé par ses recherches antérieures sur les protozoaires, très au courant d'ailleurs de la littérature contemporaine et des travaux si intéressants de la jeune école biomécanique, M. Le Dantec excelle à présenter, sous une forme séduisante, les phénomènes les plus complexes des organismes primordiaux. La méthode d'exposition qu'il a suivie est essentiellement déductive et, si l'on admet les principes exposés dans les deux premières parties du livre, il est très difficile de ne pas accepter toutes les conclusions qui en découlent dans les chapitres suivants. Aussi convient-il d'examiner tout d'abord, avec le plus grand soin, les définitions que l'auteur nous donne de l'unité organique fondamentale (plastide), de son fonctionnement, de la vie élémentaire manifestée et des conditions qui la rendent possible.

Ces définitions étaient d'ailleurs indispensables pour
éviter toute confusion et rendre profitable la discussion
ultérieure de ces matières délicates. . . . .

Nous avons voulu montrer seulement par cette trop
courte analyse combien le livre de M. Le Dantec est sug-
gestif, combien il soulève de problèmes importants en les
posant de telle façon qu'une réponse devient nécessaire et
qu'une solution est impérieusement réclamée aux cher-
cheurs. On pourra ne pas accepter toutes les vues de
l'auteur; il sera impossible de ne pas tenir compte de
la très intéressante théorie qu'il nous donne des phénomènes vitaux, en s'appuyant sur les données les mieux
établies de la science contemporaine. Tout biologiste qui
lira ce volume y trouvera, nous en sommes convaincu,
une grande satisfaction et un sérieux profit pour l'orien-
tation de ses recherches ultérieures.

Alfred GIARD. (*Revue scientifique.*)

C'est là un petit volume, mais un gros livre par le sujet
traité et par la façon dont il l'a été. Gros problème, qui
soulève tant de questions que l'on ne saurait vraiment
donner même une idée, en passant, de la thèse soutenue
avec une véritable autorité par M. Le Dantec. Comment
définir la vie? « Il n'y a pas de définition des choses
naturelles, » a dit Claude Bernard. On ne définit pas la
vie, parce que la définition serait trop complexe. M. Le
Dantec l'a tenté, et je n'oserais pas affirmer qu'il n'ait
pas réussi. Seulement il a posé de nombreux corollaires
préliminaires. Il faut d'ailleurs, avec lui, se faire une
conception tout autre que celle que l'on possédait autrefois sur la vie. La vie de l'individu n'est pas unique; elle
se compose d'une multitude d'éléments qui vivent aussi.
Et ce que nous appelons la vie est la résultante de toutes
ces vies particulières. N'insistons pas. L'ouvrage de
M. Le Dantec est extrêmement remarquable. Il mérite
d'être médité, et celui qui le lira verra s'agrandir consi-
dérablement l'horizon de ses connaissances. C'est un des
livres les plus saillants de l'année.

(*Journal des Débats.*)

www.ingramcontent.com/pod-product-compliance
Lightning Source LLC
Chambersburg PA
CBHW060759110426
42739CB00032BA/2095